I0450714

CECILIO MONTERDE DE FEZ

LAS NACIONES UNIDAS UN GIGANTE CON PIES DE BARRO

toExcel

New York   San Jose Lincoln Shanghai

Ediciones Bonet Sichar
Avda. Antic Regne de Valencia, 87-3º-33ª
46006 - VALENCIA
Tfno: (96) 3 73 63 48

**Las Naciones Unidas
Un Gigante con Pies de Barro**

This edition republished by arrangement with toExcel Press an imprint of iUniverse.com, Inc.

For information address:
iUniverse.com, Inc.
620 North 48th Street
Suite 201
Lincoln, NE 68504-3467
www.iuniverse.com

Originally published by Ediciones Bonet Sichar

ISBN: 0-595-09717-0

Printed in the United States of America

DEDICATORIA

A mi apreciado primo Teófilo De Fez, en prueba de afecto y amistad.

El autor.

NOTAS BIOGRÁFICAS

D. Cecilio Monterde de Fez, nació en Sinarcas, provincia de Valencia, el 12 de Septiembre de 1934. A pesar de haberse quedado huérfano de padre a los dos años, su niñez fue como la de la mayoría de los niños que se quedan en esta situación, ya que el amor de los suyos especialmente el de su madre, cubría las carencias que pudiera tener al faltarle su padre. El colegio y los juegos ocuparon por completo aquella época de congojas y carencias económicas.

Fue al colegio de continuo hasta los diez o los once años y alternando con alguna otra suave ocupación fue al colegio hasta los doce años y medio. Al poco tiempo de cumplir los trece años entró a trabajar en una fragua de su pueblo, pasando en aquel grato y satisfaciente trabajo hasta los veintiún años cumplidos, fecha en que dejó la fragua para ya a partir de aquí tener una alternancia de ocupaciones que nos llevaría mucho tiempo y lugar para describir todas ellas.

Cecilio Monterde de Fez, desde muy joven tuvo grandes inquietudes socio-políticas, pero en lo que más acentuó su atención fue en la justicia social; hombre de honor ha procurado siempre el dejar por donde pasó una estela clara y limpia, procurando siempre que nada de lo que hiciese ensombreciera para nada su buen hacer del día a día. La vida le hizo pasar por desfiladeros tan estrechos y tan angostos que en ocasiones tuvo que dejarse jirones del alma para poder sobrevivir.

Siempre, amante de la lectura, soñó con ser poeta y así un buen día le dio por plantearse el hacer un libro de poesía, cosa que logró con "Nostalgias y Recuerdos de un pasado". Después quiso hablar de su pueblo y escribió otro libro titulado "Historia de Sinarcas", en donde desde principios del siglo, desmenuza con romanticismo y la sencillez que le caracteriza cada detalle de cada época y lugar. Su tercer libro es (según su opinión) una sana crítica al proceder del anterior presidente del gobierno, su título "Crítica y protesta de un ciudadano al presidente del gobierno", continuando su labor literaria con este libro actual titulado "Las Naciones

Unidas un gigante con los pies de barro". La intención siempre clara y somera de este gran auto-didacta, ha sido y es, la de dejar claro que la justicia y el amor deben estar por encima de todo, incluso por encima del propio ser humano.

Juan Grijoll Carbonell. Licenciado en Geografía e Historia por la Universidad de Valencia.

Amigo del Autor.

PRÓLOGO

Lo primero que quiero aclarar a todo aquél que lea este manual, es que a mí no me guía ninguna clase de animadversión ni hacia los ricos ni hacia nadie, (esto que quede muy claro). Yo, contra las personas no tengo absolutamente nada pero me molesta, me exaspera, e incluso me indigna, el que haya tantos millones y no se beneficie para nada a los pobres. Habiendo tanto dinero no deberían existir los pobres y cuando hablo de pobres hablo de padres de familia que no tienen trabajo, o de jóvenes que no pueden formar un hogar por no tener un puesto de trabajo (no hablo de estos pobres que no quieren trabajar, aunque a éstos también hay que ayudarles, pero de otras formas y maneras).

A mí me indigna mucho que los grandes capitales, en vez de invertirlos para crear puestos de trabajo, estén inmovilizados o invertidos para dar créditos con altos intereses que no los puede pagar nadie. Ya hace tiempo que los grandes capitales se concentran para crear Cárteles, Monopolios o Trusts, para de este modo no tener a nadie que les haga la competencia, para ganar mucho más de lo que ganan, hasta ganar lo que quieren. Estas tres formas que he mencionado anteriormente son las tres formas legales que más pueden incrementar sus capitales, sin tener estas personas en cuenta que existen seres humanos, que sienten y que no tienen ni siquiera para cubrir sus primeras necesidades. Pero conociendo estos señores ya como conocen todo esto, que hagan lo que quieran que para eso son sus dineros. Pero piensen una cosa: que la hierba se seca y que las flores se marchitan.

Este libro es un largo bosquejo, de lo que han sido las Naciones Unidas en estos cincuenta y pico de años que llevan de andadura, en los cuales han tenido la grandeza de evitar una guerra termonuclear algo digno de elogio y de agradecimiento hacia esta Organización, que por otro lado ha dejado y está dejando bastante que desear con algún que otro talón de Aquiles, deficiencias que no han sabido o no han podido solucionar en la medida que a cientos de miles de personas nos hubiese gustado que se solucionara, como el haber podido apaciguar el ansia de expansión de algunos alucinados, los cuales con su conducta beligerante han creado situaciones de dolor, de miseria e incluso de inseguridad de la paz mundial. Otras miserias de las Naciones Unidas han sido el no erradicar el hambre, algo que es posible en una civilización medianamente solidaria, siendo otro gran problema sin resolver la contaminación del planeta, problema éste de incalculables consecuencias. En suma, este libro, creo que como casi todos los libros se escriben con buena intención, en donde el autor pone lo mejor de sí, para después exponerlo a la opinión del público, teniendo en cuenta la diversidad de pensar, de sentir y de ser de las gentes, que como es lógico, cada cual saca sus propias conclusiones. Mas yo como autor modesto, sigo pidiendo perdón por si en algos (sí, sí, digo bien, en algos) no estuviera a la altura de las circunstancias.

LA FUERZA DE LAS RAZAS

El motivo de escribir este libro es para dar a conocer a la opinión pública lo importante y transcendental que es el tener una Organización como las Naciones Unidas, para salvaguardia de los intereses generales de las naciones en caso de que surja un conflicto armado, pero también deseo que sirva este libro para acicate de las propias Naciones Unidas en el caso de que volviera a producirse en otro lugar, un caso como el de la antigua Yugoslavia, en cuya contienda las Naciones Unidas han dejado mucho que desear. También escribo este libro con la intención de aclarar y censurar alguna otra cuestión si así lo requiriese.

En la antigua Yugoslavia se han equivocado los dirigentes de la O.N.U. No han valorado con buen juicio la situación, porque en este conflicto hay más, mucho más, que un simple enfrentamiento entre dos naciones vecinas. En la antigua Yugoslavia ha habido una guerra de etnias, de razas, con el añadido de la religión, y si ya de por sí las guerras entre razas son crueles, son todavía más si en las guerras se mezcla la religión.

En cualquier situación análoga al conflicto de los Balcanes "conflicto casi permanente", hay que imponerse por la fuerza, no se puede ir con paños calientes tratando de negociar, cuando entre los contendientes hay tanto odio contenido, hay tanta humillación, tanto rencor y tantas ansias de revancha. Piensen que hay serbios ofendidos, agraviados y humillados de otros tiempos, y a estos serbios hoy no les valen las frases bien intencionadas de las naciones de: "sean ustedes buenos chicos". ¿Qué hizo Alemania ofendida y humillada con el tratado de Versalles?. Pues que en cuanto tuvo oportunidad provocó un nuevo conflicto. Esto mismo es lo que les pasa a los serbios hoy. Por tanto, a este conflicto se le debe mantener bajo un control internacional, pues de no ser así, serbios, croatas y musulmanes se rebelarán contra todo y contra todos siempre que puedan. Serbia, que siempre estuvo bajo la mirada instigadora de alguien, primero de los turcos, después del Imperio Austro-húngaro, tuvo que soportar además el tener que verse siempre protegida por la Unión Soviética, situación ésta que, si por un lado le ha sido tranquilizante, por el otro le habrá sido sumamente incómoda al saber que tenía hipotecada su autonomía y su libertad.

Serbios y croatas, ya habían cruzado sus armas en otras ocasiones en donde en alguna de éstas, los serbios habían llevado la peor parte. No quiero justificar ni por un momento la revancha llevada por el odio, ni en la guerra ni en la paz, mas yo pienso que al resentido, ofendido o humillado hay que hacerle entrar en razón pero tratando de no herir su sensibilidad, aunque la razón se la impongan con disciplina.

Las Naciones Unidas, tan acertadas en otras ocasiones, en este conflicto de la antigua Yugoslavia han dejado mucho que desear. Ha dado la impresión de que esta guerra no iba con nadie, como si los muertos fueran de barro, como si los mutilados fueran de paja, o como si las mujeres violadas fueran de trapo. ¡No, señores de la O.N.U.! ¡No!. No se puede estar cuatro años en los palcos del anfiteatro, viendo cómo se matan, viendo cómo se destrozan los contendientes. Yo, y ésta es mi opinión, pienso que el señor Butros Gali, "Secretario General de las Naciones Unidas", no ha estado a la altura de las circunstancias, y, cuando un hombre no tiene la suficiente claridad de ideas en una situación de tanta transcendencia como es el caso que estoy comentando, esta persona debe asesorarse bien y, si por el contrario, este señor es un hombre con visión clara y certera de los problemas internacionales y lo que ha pasado es que ha estado influenciado, controlado o mediatizado, el

Secretario General, ¿no sobra?. No se puede ni se debe dar la apariencia de un Secretario General que manda y después estár maniatado por una serie de circunstancias. En cualquier momento o lugar, las Naciones Unidas tienen la real obligación de sofocar los conflictos con el menor costo posible, pues para eso tiene un organigrama, con varios brazos y un sinfín de tentáculos, capaces de detectar cualquier gesto o movimiento extraño de cualquiera de las naciones de esta organización y aun si éstas estuvieran fuera de ellas.

Los Balcanes -la guerra de Bosnia como se la conoce- ha desprestigiado su bien ganado prestigio por otros hechos a las Naciones Unidas, pero quien más se ha desprestigiado han sido los gobiernos de las naciones europeas, que han visto cómo en el propio corazón de Europa se destrozaba una nación sin hacer nadie nada, o casi nada por impedirlo. Al fin, después de tres años largos de contienda, alguien ha decidido que ya estaba bien y han intervenido. Tarde, pero han intervenido y además con fuerza. Era la única solución, la fuerza. Con esta solución se benefician las tres partes en conflicto, ya que cuando se está en el fragor de la contienda viene muy bien que alguien con más fuerzas o más medios que los contendientes, consiga separarlos, aunque uno que siempre será el más belicoso, quiera dar la impresión de que es a él al que más se le ha perjudicado.

Ahora que bajo el imperio de la fuerza impuesta por los aviones de la O.T.A.N. (Organización del Tratado del Atlántico Norte), parece que los serbios ceden en sus agresiones, es cuando se tiene que ser imparcial y repartir bien esa tierra que parece que está maldecida, dándole a cada parte lo que le corresponda y después de haber hecho un reparto justo, esas Naciones Unidas apoyadas por la O.T.A.N., tendrán que velar las armas internacionales por el tiempo que sea necesario en el explosivo territorio de los Balcanes. (Ya se están protegiendo).

A estas buenas gentes de esa zona de Europa, tantas veces pisoteada y galopada por los cuatro jinetes del Apocalipsis, hay que ayudarlas. No se puede permitir el lujo el hombre civilizado de ver cómo se destrozan delante de nosotros nuestros propios hermanos, ya que todos somos hermanos en este gran conglomerado que conformamos la apasionante aventura de la humanidad. Por tanto, aunque hubiera que desplegar una misión de paz integrada por 20.000 hombres, sería muy conveniente hacerlo para beneficio de todos, porque bien sabemos que el hombre lleva en sus genes los más diversos sentimientos desde el albor de la historia, y por eso la mayor parte de los conflictos que llenan la vida de los pueblos, se produce por causas ajenas a la razón, por eso ningún progreso de la ciencia ha sabido dulcificar su sanguinaria ferocidad. La inteligencia ha aumentado con la extensión de los conocimientos, pero desde la edad de las primitivas cavernas, los sentimientos, las ilusiones y las pasiones que guían a los hombres han permanecido inalterables. El odio, el amor, la ambición, la avaricia y el orgullo no han tenido épocas. Éstas no han cambiado.

Los pueblos poco influídos por la inteligencia son dirigidos principalmente por los caracteres de su raza, es decir, por la suma hereditaria de sus sentimientos, necesidades, costumbres, tradiciones y aspiraciones, que representan los fundamentos esenciales del alma de las naciones. Ese alma nacional da a los pueblos unas formas de pensar y de ser duraderas a través de las perpetuas fluctuaciones de los acontecimientos.

El papel de la raza se ha afirmado siempre con demasiada preponderancia en la vida de los pueblos. Los más antiguos libros religiosos señalaban ya su poderío. Mas, para descubrir en su totalidad el inmenso contenido de la noción raza, sería necesario llegar a alcanzar los descubrimientos de la biología moderna.

El conflicto de la antigua Yugoslavia bastaría por sí solo para probar el error, de los teóricos que han intentado negar el influjo del alma de las razas. Por esto estamos presenciando el gigantesco choque producido principalmente, por la pretensión de querer ejercer la hegemonía una nación que en virtud de cualidades supuestas de su raza, se cree llamada a regir grandes parcelas de poder.

Yo pienso que las Naciones Unidas deberían tener dentro del gigantesco organigrama de su Organización un equipo muy organizado de biólogo-psico-analistas para saber qué clase de comportamientos debe en cada momento adoptar la Organización, para sacar el mayor provecho con el menor desgaste posible, ya que por ser muy diversos los caracteres de las razas, son diferentemente impresionadas por las mismas influencias exteriores, resultando la mayor parte de las veces que, como en la guerra de la antigua Yugoslavia, son muy profundas las diferencias de mentalidad entre pueblos de la misma aparente civilización, que desde hace largo tiempo cambiaban sus ideas y daba la impresión de que tenían muchos intereses en común.

Durante toda esta guerra, la mentalidad de los pueblos balcánicos ha sido un misterio para la mayor parte de los diplomáticos europeos, que al querer interpretarla con sus ideas de hombres civilizados, han cometido los más crasos errores. El alma de las razas tiene fronteras que son muy difíciles de franquear.

Precisamente porque la ignorancia es la que rige las relaciones existentes entre pueblos diferentes y nosotros los juzgamos según nuestros sentimientos y nuestras ideas personales, nos es tan difícil prever la conducta de otras naciones y de sus gobernantes en una circunstancia dada.

La guerra europea también nos suministró varios ejemplos. La imprevisión psicológica de los políticos germanos, tuvo como consecuencia reunir contra Alemania a países como Inglaterra, con cuya amistad o al menos neutralidad creían haber contado. El alma de teutón no supo prever que el respeto a la firma de los tratados base de toda la vida comercial de Inglaterra, levantaría contra Alemania al pueblo más pacífico de los últimos casi doscientos años. Como nosotros tampoco supimos comprender, quedando asombrados del salvaje furor de los ejércitos alemanes, olvidando ya su civilización que parecía haber dulcificado sus costumbres. Así, el gran problema promovido por las divergencias entre razas, si no nos aprestamos todos a aportar una razón moral firme y continuada, sobrevivirá a la guerra, haciendo estériles nuestros esfuerzos de pretender suavizar las relaciones entre naciones en lucha por toda la superficie de la Tierra y principalmente en los Balcanes.

Las Naciones Unidas tienen el más importante papel en garantizar la seguridad de los pueblos, y de su actitud ante los problemas que surjan dependerá mucho o todo según qué casos, de lo que acontezca en el mundo a lo largo de los años y de los siglos.

Ahora ya saben las Naciones Unidas cómo tienen que actuar si surgiera otra situación como ésta que ha surgido en la antigua Yugoslavia. Y si no actuaran con arreglo a la experiencia, habría que pensar que las Naciones Unidas lo hacen muy mal. No se puede esconder la cabeza debajo del ala y capitular sin honra militar ante un ejército agresor que se ha estado haciendo dueño de una situación que no necesita dueño, a costa de muchas vidas humanas que automáticamente se transforman en tragedias para los que quedan. ¿Por qué no se dieron cuanta antes los gobiernos de Estados Unidos, Gran Bretaña y Francia del horror de aquella situación? ¿Qué intereses escondían al prolongar aquella matanza?. Las gentes de las naciones europeas estaban sorprendidas, indignadas y avergonzadas, de ver que en la antigua Yugoslavia no se hacía lo que se tenía que hacer, que era hacer lo que se hizo después: negociar, pero negociar desde una posición de fuerza. Lo de los cascos azules para ayuda humanitaria, estuvo muy bien para conflictos donde no haya tanto odio y tanto rencor. Mientras, los presidentes de las grandes potencias occidentales hacían declaraciones con palabras grandilocuentes como: "hay que ser solidarios", "estamos en contra de la tortura", "tenemos gran confianza en la solución del conflicto a través de negociaciones pacíficas", sin darse cuenta estos gobernantes del chorreo de muertos que se estaban sucediendo día tras día hasta tres años y cinco meses, "Estas frases sonaban a sarcasmo, porque los conflictos se tienen que tratar de solucionar enseguida.

Por otro lado, las Naciones Unidas debían tener un contingente suficiente de fuerzas disuasorias, ya que el Consejo de Seguridad casi siempre ha estado enfrentado, por un lado los occidentales y por otro Rusia y China, no poniéndose siempre de acuerdo, siendo esto un handicap para la seguridad y la paz mundial. De todos modos, las Naciones Unidas deberían dominar cualquier situación, mas esto sin fuerzas disuasorias no será posible y tendrán siempre los pies de barro. Lo que han hecho las Naciones Unidas hasta este mes de septiembre de 1995, mandando soldados a darles biberón a los niños, esto para mí pienso que con buena intención no han hecho nada más que mandar carne para lobos, alargando la situación sin saber nadie para qué. Esta guerra de los Balcanes había que haberla atajado la primera semana del conflicto, sin dejarla llegar hasta donde ha llegado, ya que como dije antes, una guerra entre razas es una guerra cruenta y es una guerra de tierra quemada.

En Yugoslavia, las tres facciones en conflicto, una vez tuvieron acceso al odio y a la revancha, se lanzaron a tumba abierta sin medir las consecuencias que podrían haber tenido, ya que esta guerra pudo tener unas dimensiones imprevisibles si la O.N.U. conjuntamente con la O.T.A.N., no hubiera intervenido "aunque tarde en las medidas a tomar".

HUIDA DEL TERROR

En el año 1992 una Agencia de las Naciones Unidas llamada ACNUR llegó a Yugoslavia para desempeñar una gran misión. Una tarde de agosto cuando caía el Sol, un convoy de autobuses entraba lentamente en el puerto de Split, en el mar Adriático. Estos autobuses iban abarrotados de mujeres, de niños y de ancianos que lloraban aliviados después de la pesadilla que les había supuesto el viaje desde Sarajevo, (doscientos kilómetros a través de montañas).

Estos refugiados musulmanes bosnios huían de sus casas destruidas por las tropas serbias en la guerra civil que está desolando a Yugoslavia. El país está quedando destrozado, dividido por luchas étnicas y religiosas que asolan al país y a estas pobres gentes, después de ver que muchos seres queridos se quedan, unos vivos y otros muertos, tienen que partir, buscando con todo el dolor en el alma otros lugares, los cuales les sean más propicios para la paz tanto interior como exterior de sus lastimados cuerpos.

Amanece en Sarajevo y el largo día comienza. Allí los refugiados después de despedirse -con lágrimas en los ojos y el corazón destrozado- de la tierra que les vio nacer, parten llevando consigo las pocas pertenencias que se pueden llevar. Cuando los autobuses están llenos, un vehículo de las Naciones Unidas se coloca en la cabeza del convoy con la bandera azul y blanca de la O.N.U. Otro autobús se coloca al final y comienza la triste marcha hacia campos de refugiados que la O.N.U. ha preparado para tal fin. En el convoy van muchas gentes destrozadas. Borislavia había dejado a su marido, a su madre y a su padre en Sarajevo. "He viajado para alejar a mis hijos de aquel infierno" dice. Otra pasajera del autobús es Katica. No pudo soportar más la vida en Sarajevo. Hacía tres semanas que habían asesinado a su madre cuando explotó una granada detrás de ella al salir para hacer la compra. Después destruyeron la casa de Katica y tuvo que marchar a vivir a un sótano lleno de gente. Ahora con Nerma, su bebé, Katica se marcha dejando atrás a su marido que sigue en la lucha. En Split no termina el viaje para los refugiados, de aquí pasarán a través de un transbordador a otro puerto, Rijeka, donde la O.N.U. ha establecido un campo temporal para los refugiados de Yugoslavia.

Así la O.N.U. ha trabajado hasta ahora ofreciendo ayuda humanitaria. Hoy parece que su forma de proceder ha cambiado tomando la iniciativa hasta el extremo de bombardear posiciones serbias para que éstas retiren su cerco a Sarajevo.

ESTRUCTURA DE LAS NACIONES UNIDAS

Los órganos principales de las Naciones Unidas son:

Primero: la Asamblea General en la que están representados los 178 estados miembros hasta junio de 1997.

Segundo: el Consejo de Seguridad que se compone de 15 miembros, (5 de los cuales son permanentes): China, Francia, Rusia, Gran Bretaña y Estados Unidos, más diez que son elegidos por la Asamblea General para estar por períodos de dos años.

Tercero: el Consejo Económico y Social, el cual está integrado por 54 miembros elegidos por tres años por la Asamblea General.

Cuarto: el Consejo de Administración Fiduciaria: Integrado por los miembros que administran territorios fideicometidos, los miembros permanentes que no sean administradores, y aquéllos elegidos por la Asamblea General, para asegurar que el número total de miembros de este Consejo se divida por igual entre administradores y no administradores.

Quinto: la Corte Internacional de Justicia: Integrada por 15 jueces, elegidos para un período de nueve años por la Asamblea General y el Consejo de Seguridad.

Sexto: una Secretaría compuesta por un Secretario General y el personal que requiera la Organización.

Todos estos Organos están en Nueva York, excepto la Corte Internacional de Justicia que tiene su sede en La Haya.

En Nueva York, en las mismas puertas de la O.N.U., en una gran explanada se levanta una gran estatua llamada Estatua de la Paz.

Esta estatua está representando a un hombre hercúleo, con un martillo en su mano derecha trasformando una espada en una herramienta agrícola. En esa misma estatua, hay grabado sobre su ostentoso mármol unas palabras del profeta Isaías que dicen: Ustedes batirán sus espadas en rejas de arado y sus lanzas en podaderas, no alzará espada nación contra nación ni aprenderán más la guerra. Isaías 2:2-4.

Con esta demostración de buena voluntad se crearon las Naciones Unidas.

LA ASAMBLEA GENERAL

El centro neurálgico y núcleo de lo que se llama "la familia de Naciones Unidas" se encuentra en la sede central de la O.N.U. en Nueva York.

El trabajo de Naciones Unidas lo llevan a cabo los seis organismos que se establecieron en la Carta. Cada uno tiene sus propias funciones.

En la Asamblea General se debaten las cuestiones mundiales en una sesión anual que tiene lugar de septiembre a diciembre. Cada país miembro de las Naciones Unidas puede tener un máximo de cinco representantes pero, únicamente uno, tiene derecho a voto. Los temas o resoluciones que se debaten, los proponen los comités, eligiéndolos entre las ideas propuestas, decidiéndose los que se consideran más urgentes e importantes. En las cuestiones más vitales como la paz y la seguridad, los acuerdos deben tomarse con el voto a favor de las dos terceras partes del total de la Asamblea.

Con más de 150 idiomas representados en las Naciones Unidas, los delegados y demás funcionarios se comunican entre Sí en cualquiera de las seis lenguas oficiales que son a saber, árabe, chino, inglés, francés, ruso y español.

Cuando en la Asamblea se pronuncia un discurso en una lengua nacional, los delegados pueden oír a través de sus auriculares la traducción simultánea realizada por expertos intérpretes. Todos los documentos se traducen a las seis lenguas oficiales. En el trabajo diario el secretariado de la O.N.U. solamente utiliza el inglés y el francés.

EL CONSEJO DE SEGURIDAD

Del Consejo de Seguridad se puede afirmar que es un órgano que tiene funciones de supervisión, de concertación y de decisión ya que a fin de asegurar una acción rápida y eficaz, los miembros de la O.N.U. le han asignado la responsabilidad primordial de mantener la paz y la seguridad internacional, reconociendo que actúa en nombre de todos al desempeñar las funciones que le impone esa responsabilidad. Lo anteriormente expuesto significa que el Consejo debe proponer medidas efectivas en caso de quebrantamiento del orden, o bien si existiera alguna amenaza que pudiera poner en peligro la paz y la seguridad internacionales. El Consejo debe proveer la solución pacífica de estos conflictos si los hubiera.

La Carta de las Naciones Unidas en sus capítulos VI, VII, VIII y XII, señala que las facultades del Consejo de Seguridad son las siguientes:

-Mantener la paz y la seguridad internacionales de acuerdo con los principios y propósitos de las Naciones Unidas.

-Investigar toda controversia o toda situación susceptible de conducir a una fricción internacional, dando origen a una controversia a fin de determinar si la prolongación de tal controversia puede poner en peligro el mantenimiento de la paz y seguridad internacional.

-Recomendar los procedimientos o métodos de ajuste para dirimir una situación de controversia.

-Formular planes para el establecimiento de un sistema para la reglamentación de armamentos.

-Determinar la existencia de una amenaza a la paz, o bien al quebrantamiento de la paz o acto de agresión, recomendando qué medidas se tomarán de acuerdo con los artículos 41 y 42 de la Carta, a fin de mantener o restablecer la paz.

El Consejo de Seguridad está organizado de tal manera que siempre debe estar en disponibilidad de reunirse. La Presidencia del Consejo se rota mensualmente siguiendo el orden alfabético en inglés.

De acuerdo con la Carta, cualquier miembro de las Naciones Unidas (artículo 35), de la Asamblea General (artículo 11), o el Secretario General (artículo 99) pueden someter a la atención del Consejo de Seguridad asuntos que consideren que pueden poner en peligro la paz y la seguridad internacionales. De esta manera se asegurará que un Estado, sea o no parte de la organización, tenga el derecho de someter al Consejo cualquier disputa o conflicto en el que sea parte, con el entendido de que el Estado en cuestión debe aceptar de antemano las obligaciones derivadas de la Carta. Cuando el Consejo recibe una petición para reunirse, el presidente del consejo celebra consultas informales con los miembros de este Consejo, decidiendo si se accede a considerar el asunto que se somete para su deliberación. El Consejo no podrá celebrar reuniones sin el acuerdo de la mayoría de los miembros.

El Consejo tiene otras muchas obligaciones y deberes, mas son importantísimas: recomendar a la Asamblea General el nombramiento del Secretario General y también elegir junto a la Asamblea a los jueces de la Corte Internacional de Justicia.

CONSEJO ECONÓMICO Y SOCIAL

El Consejo Económico y Social de las Naciones Unidas es el tercer órgano que compone su cuerpo central. Este Consejo podrá concertar con cualquiera de los organismos especializados que tengan atribuciones de carácter económico, social, cultural y sanitario, acuerdos que establezcan las condiciones en que dichos organismos tengan que vincularse con la Organización.

El Consejo puede hacer recomendaciones y presentar iniciativas en relación con asuntos de desarrollo, comercio internacional, industrialización, recursos naturales, derechos humanos, situación de la mujer, población, bienestar social, ciencia y tecnología, prevención de delitos y otras cuestiones de carácter social y económico.

Otras facultades del Consejo Económico y Social son: servir como foro para la discusión de asuntos internacionales económicos y sociales y formular recomendaciones de política en aquellos asuntos dirigidos a los Estados miembros y al sistema de las Naciones Unidas También este Consejo tiene atribuciones para hacer estudios e informes con respecto a asuntos internacionales de carácter cultural, educativo y sanitario También es misión de este Organismo promover el respeto de los derechos humanos y las libertades del individuo.

Hasta 1991 el consejo Económico y Social se reunía diez semanas cada año, la mitad en Nueva York y la otra mitad en Ginebra.

Esto obedecía a una división de agenda a través de la cual en su sesión de primavera se analizaban los asuntos sociales en Nueva York y en el verano se analizaban los económicos en Ginebra.

A partir de 1992 se inició un proceso de reforma del sistema de las Naciones Unidas en las esferas económica y social, para hacerlas más eficaces en un impulso de cooperación económico y social y para realizar una promoción de desarrollo de los países del Tercer Mundo. En su nueva versión el Consejo Económico y Social, se reunía una vez al año en Nueva York y Ginebra alternativamente y en una sola sesión consolidada que comprendía un seguimiento de alto nivel con participación de los ministerios respectivos.

CONSEJO DE ADMINISTRACIÓN FIDUCIARIA

El Consejo de Administración Fiduciaria es el cuarto Órgano de las Naciones Unidas. Sus facultades son de conformidad con el artículo 87 de la Carta que dice: "Considerará los informes que les haya remitido la autoridad administradora, aceptará peticiones y las examinará en consulta con la autoridad administradora. También podrá disponer visitas periódicas a los territorios fideicometidos en fechas convenidas con la autoridad administradora. Tomará éstas y otras medidas de conformidad con los términos de los acuerdos sobre administración fiduciaria.

Por otra parte, el artículo 86 de la Carta establece que el Consejo de Administración Fiduciaria esté integrado por los miembros que administren territorios fideicometidos, por los miembros permanentes del Consejo de Seguridad y aquellos miembros elegidos por la Asamblea General.

El Consejo de Administración Fiduciaria actúa bajo la autoridad de la Asamblea General y en el caso de "áreas estratégicas", actúa bajo la autoridad del Consejo de Seguridad.

Cabe señalar que de los once territorios que fueron colocados bajo el régimen de administración fiduciaria, la casi totalidad de ellos han sido resueltos por el Consejo de Seguridad.

Dichos territorios son:

-Togo: bajo administración británica, territorio no autónomo administrado por Reino Unido, se unió a la Costa de Oro en 1957 para constituir Ghana.

-Somalia: bajo administración italiana, se unió al protectorado británico de Somalia en 1960 para formar Somalia.

-Togo: bajo administración francesa, se independizó con el nombre de Togo en el año 1960.

-Camerún: bajo administración francesa, se independizó con el nombre de Camerún en el año 1960.

-Camerún: bajo administración británica, la parte norte del territorio en fideicomiso se unió a la federación de Nigeria el primero de junio de 1961 y la parte meridional se unió a la República de Camerún el primero de octubre de 1961.

-Tanganica: bajo administración británica, se independizó en 1961. En 1964 Tanganica y el Protectorado de Zanzíbar, que se había independizado en 1963, se unieron en un solo Estado con el nombre de República Unida de Tanzania.

-Ruanda-Burundi: bajo administración belga, por votación se dividió en los dos estados soberanos de Ruanda y de Burundi en el año 1962.

-Samoa Occidental: bajo administración de Nueva Zelanda, se independizo con el nombre de Samoa en el año 1962.

-Nauru: administrado por Australia en nombre de Nueva Zelanda y Reino Unido se independizó en 1968.

-Nueva Guinea: administrada por Australia, se unió al territorio no autónomo de Papua, administrado también por Australia para convertirse en el Estado independiente de Papua Nueva Guinea en 1965.

Territorio de fideicomiso de las Islas del Pacífico bajo la administración de Estados Unidos.

-El territorio en fideicomiso de Micronesia estaba compuesto por las Islas Marshall, las Islas Marianas, y las Islas del Norte y de Palau. En 1990 se dio por concluido el fideicomiso en los tres primeros quedando pendiente únicamente el territorio de Palau.

Sobre este último debe señalarse que, por resolución del 22 de diciembre de 1990 el Consejo de Seguridad acordó la terminación del fideicomiso con respecto a tres de los cuatro componentes del fideicomiso de las islas del Pacífico, siendo éstos los estados federados de Micronesia, las islas Marshall y las islas Marianas del Norte, todas ellas convirtiéndose en Estados miembros de la O.N.U. a partir de 1991.

A parte de todos estos acuerdos el Consejo de Administración Fiduciaria tiene otras muchas facultades y también otras muchas obligaciones.

CORTE INTERNACIONAL DE JUSTICIA

La Corte Internacional de Justicia está en La Haya (Holanda) y está integrada por quince jueces independientes de diferentes nacionalidades, elegidos por la Asamblea General y el Consejo de Seguridad. Todos estos jueces habrán sido antes elegidos candidatos por los grupos nacionales de la corte Permanente de Arbitraje.

La Asamblea General y el Consejo de Seguridad deben exigir que se satisfaga el requisito de que las personas elegidas individualmente posean las cualidades requeridas para el cargo en sus respectivos países, para ser nombrados a las más alta Corte judicial. Deberán ser autoridades reconocidas en derecho internacional, siendo además representativas de los principales sistemas jurídicos del mundo. Para ser elegidos, deberán obtener una mayoría absoluta en la votación tanto en la Asamblea General como en el Consejo de Seguridad.

Los jueces son elegidos para un período de nueve años pudiéndose reelegir. El período de cinco de los quince jueces concluye al final de cada tres años. La propia Corte elige a su presidente y vicepresidente cada trienio.

En el eventual caso de que se ventile una controversia para la cual no hubiera jueces de la nacionalidad de una de las partes en conflicto, los Estados podrían nombrar jueces de esa nacionalidad para que de manera temporal fueran parte de la Corte y así puedan coadyuvar en la resolución de la controversia planteada. Todas las cuestiones legales sometidas a la jurisdicción de la Corte serán resueltas por la mayoría de los jueces presentes tomando en consideración que se requieren nueve jueces para integrar el quórum. En caso de empate en la votación, el presidente de la Corte tiene un voto adicional para la solución de la controversia.

La Corte, establecida por la Carta de las Naciones Unidas como órgano judicial de la Organización, está constituida y funciona conforme a las disposiciones de unos estatutos.

La Corte está abierta para su jurisdicción a todos los Estados miembros de las Naciones Unidas. Cualquier controversia entre Estados podrá ser sometida para su resolución a la Corte Internacional de justicia con el consentimiento de los Estados interesados de la siguiente manera: por un convenio especial entre las partes en cuestión, o bien a través de un tratado o convención confiriendo jurisdicción expresa a la Corte.

La jurisdicción de la Corte comprende todos los casos que las partes en cuestión le sometan para su solución, además de todos aquellos asuntos específicamente establecidos en la Carta o en los tratados o convenciones que estén en vigor. En caso de controversia en lo relativo a determinar si la Corte tiene o no jurisdicción sobre un asunto, la decisión corresponde a la propia Corte.

La Asamblea General o el consejo de Seguridad podrá solicitar a la Corte su opinión sobre cualquier gestión legal. Otros órganos de las Naciones Unidas o agencias especializadas, cuando estén autorizadas por la Asamblea General también podrán solicitar opiniones relativas a cuestiones legales que surjan del ámbito de sus jurisdicciones respectivas. Sin embargo, aún continúa el debate en el interior de las Naciones Unidas dada la resistencia de muchos países desarrollados, para autorizar al Secretario General para que solicite opiniones a la Corte. México ha insistido en esta materia desde la Cumbre Iberoamericana de Guadalajara (México), en cuyo comunicado los jefes de Estado o de gobierno destacan la importancia de fortalecer el derecho internacional y por esto se ha ampliado el apoyo a la tesis de que el Secretario General debe tener autorización para solicitar opiniones de la Corte.

SECRETARIA GENERAL

El ex Secretario General de la Organización de las Naciones Unidas, Javier Pérez de Cuéllar, alguna vez señaló que el cargo de Secretario General conlleva dos cualidades muy importantes: Primera, fe en que la humanidad puede cambiar hacia un mundo menos irracional, menos violento, más comprensivo y más generoso. La otra cualidad es que el responsable del puesto debe sentirse ciudadano del mundo. Esta expresión sonará como se quiera, pero el Secretario General no sería digno de su cargo si no desarrolla un sentimiento de pertenencia a cada país y a su cultura, haciendo todo lo que esté a su alcance para impulsar la paz y el bienestar que pueda existir en todos y cada uno de ellos. El Secretario General debe ser un ciudadano mundial porque los problemas mundiales son sus problemas, la Carta es su hogar y su ideología y sus principios son su credo moral.

Estas reflexiones resumen de manera concisa las características más importantes que debe tener el máximo funcionario de las Naciones Unidas. Durante los meses de septiembre a noviembre de 1991 se discutía en el Consejo de Seguridad el perfil del sucesor del embajador -antes Secretario General-, Pérez de Cuéllar y los Estados miembros coincidieron en que debería tener una vocación especial por la independencia y además ser un líder imaginativo y fuerte.

La Carta de las Naciones Unidas incluye a la oficina del Secretario General dentro de los órganos principales de dicha Organización. Si el Secretariado de las Naciones Unidas fuese una oficina puramente administrativa, sirviendo a los órganos de dichas Naciones Unidas desempeñando trabajo de oficina, de traducción u otro tipo de servicio técnico, el Secretario General no podría cumplir con su mandato. Afortunadamente no es éste el caso. El Secretariado, encabezado por el secretario y su equipo de colaboradores, tiene una serie de funciones mucho más amplias de conformidad con lo establecido en la Carta.

El ex secretario general Dag Hammarskjold dijo en 1956 que los principios de la Carta son más importantes que la Organización misma y las metas que dichos principios salvaguardan son más sagradas que las políticas de cualquier nación o pueblo. El Secretario General, "decía Hammarskjold, debe ser el siervo de los principios de la Carta y sus metas deben determinar lo que deben defender.

Cada Secretario General de la Organización ha enfrentado los problemas de distinta manera, conformando así un estilo peculiar para manejar los asuntos de las Naciones Unidas. El Secretario General debe poseer la capacidad analítica para ver más allá de la esfera puramente gubernamental. El artículo 97 de la Carta establece: la Secretaría se compondrá de un Secretario General y del personal que requiera la Organización. El Secretario General será nombrado por la Asamblea General a recomendación del Consejo de Seguridad. El Secretario General será el más alto funcionario administrativo de la Organización.

Dentro de las responsabilidades del Secretario General podemos mencionar:

-Administración y manejo del Secretariado.

-Representación de las Naciones Unidas.

-Contacto constante con los Estados Miembros.

-Coordinación total del sistema de las Naciones Unidas.

-Mantenimiento de una vigilancia global sobre eventos importantes.

-Generación de ideas y estrategias.

-Uso de sus buenos oficios, diplomacia silenciosa y manejo de una crisis (diplomacia preventiva y mantenimiento de la paz).

-Buenos oficios en lo relativo a derechos humanos y asuntos humanitarios.

El artículo 98 de la Carta sienta la base constitucional de dependencia del Secretario General frente a la Asamblea General al señalar que rendirá un informe anual sobre las actividades de la organización.

El artículo 99 autoriza al Secretario General a someter al Consejo de Seguridad cualquier asunto que en su opinión pueda amenazar el mantenimiento de la paz y seguridad internacionales. Esta facultad implica un mandato que combina los elementos de derecho, responsabilidad y discreción.

El Secretario General es un coordinador de todo el sistema, órganos relacionados y programas, papel que está debidamente reconocido en su presencia como cabeza del Comité Administrativo de Coordinación, integrado por los representantes de las Agencias especializadas y sus programas. Debido a que la gran mayoría de estas agencias son autónomas, con sus propios gobiernos y presupuestos, la tarea del Secretario General es con frecuencia frustrante y lo que es más lastimoso, poco efectiva.

El primer Secretario General Trigrie-Lie en una ocasión se refirió al cargo como el más imposible del mundo y Kurt Waldheim lo caracterizó como uno de los trabajos más fascinantes, pero más frustrantes. El Secretario General debe tener una gran autoridad moral y fundar todas sus acciones en los principios de la Carta.

Es evidente la necesidad de fortalecer al Secretario General, sin que ello signifique el crecimiento del aparato administrativo ya que éste se considera suficiente con sus 52.140 funcionarios entre personal profesional y personal de servicios generales.

Es importante mencionar que el cargo de Secretario General ha recibido el sello personal de todos y cada uno de sus titulares. Mientras Dag Hammarskjodl siempre tuvo como objetivo la posibilidad de que la Organización de las Naciones Unidas se convirtiera en foro para la defensa de los intereses de los Estados pequeños, Uthant o Kurt Waldheim tuvieron una posición más cautelosa para no ofender el ánimo de las naciones más poderosas.

La Secretaría General se ha querido reestructurar y desde principios de 1980 se creó un grupo informal de discusión, en el que participaron a título personal representantes permanentes ante las Naciones Unidas, académicos y funcionarios de la O.N.U., quienes se abocaron al examen de la estructura y el funcionamiento del Secretariado, con miras a identificar algunas de sus deficiencias y contribuir con sugerencias para tratar de superarlas y mejorarlas. Después de muchas discusiones y reflexiones sobre todas las cuestiones relacionadas con la reestructuración de la Secretaría General, el 16 de marzo de 1992 el Secretariado General dio a conocer su reestructuración que quedó de la siguiente manera:

-Departamento de Asuntos Políticos, que incluye: La Oficina para Asuntos de la Asamblea General y Servicios del Secretariado; Oficina de Investigación y Recolección de Información: Oficina de Asuntos Políticos y del Consejo de Seguridad; Oficina para Asuntos Políticos Especiales, Cooperación Regional, Descolonización y Tutela y la Oficina del Desarme.

-Departamento de Operaciones de Mantenimiento de la Paz.

-Departamento de Desarrollo Social y Económico, que incluye: La Oficina del Director General para el Desarrollo y Cooperación Económica Internacional; Oficina de Cooperación Técnica para el Desarrollo ; Centro de Ciencia y Tecnología para el Desarrollo y Centro de Empresas Transnacionales.

-Departamento de Asuntos Humanitarios: Coordina las Agencias de la O.N.U., encargadas de asistencia humanitaria en caso de desastre.

-Departamento de Administración y Organización, que incluye las responsabilidades de la Oficina de Conferencias, así como el manejo y aplicación de las políticas de personal.

-Departamento de Asuntos Legales, que incluye a la Oficina para Asuntos del Derecho del Mar y Océanos, así como Consultor Jurídico.

Es evidente que esta reestructuración se habrá hecho teniendo en cuenta los cambios acontecidos en estos 50 años de vida de las Naciones Unidas, para mejorar y dar respuesta adecuada a cualquier problema que se pudiera plantear.

El autor considera al Consejo de Seguridad el órgano más decisorio de cuantos componen las Naciones Unidas, ya que en él se encuentran las cinco naciones más poderosas de la Organización: China, Unión Soviética, Estados Unidos, Francia y Gran Bretaña, más diez que serán elegidos por la Asamblea para períodos de dos años.

Este Organo está muy bien, ya que a él se le ha encomendado la misión y responsabilidad primordial de mantener la paz y la seguridad internacionales. Aunque tiene un problemático mandato-atribución que es el derecho a veto, siendo este mandato-atribución el primer talón de Aquiles que tienen las Naciones Unidas, porque a veces obstaculiza la solución de muchos conflictos. Según el actual Secretario General, señor Boutros Gali, desde 1945 (año en que se crearon las Naciones Unidas), éstas debieron presenciar impotentes muchas crisis internacionales debido a los repetidos vetos hechos por miembros del Consejo de Seguridad, llegando a registrarse hasta 279 vetos, siendo esto una clara expresión de las divisiones que existen en este alto Organismo.

Esto nos demuestra que esta Organización trabaja, pero trabaja, según mi opinión, con demasiados condicionamientos, ya que mientras se discute si son galgos o podencos, a veces se está esto traduciendo en vidas humanas, sin darse cuenta nadie de que después de que un hombre muere, una casa se derrumba.

Estos vetos, sean de una u otra potencia (que más da) supone el retraso de una posible solución de los conflictos a veces de meses, siendo estos meses, meses de horror para las gentes, meses de hambre, sufrimiento moral y físico, meses de frío y de desesperación, mas ellos, los miembros del Consejo de Seguridad, sin darse cuenta de nada, imponen su derecho a veto. Si son los Estados Unidos los que vetan, seguramente será porque la marcha de los acontecimientos, o las propuestas de los demás miembros del Consejo no les son favorables a los intereses que ellos, (los Estados Unidos) están defendiendo. Si el veto es por parte de la Unión Soviética será porque ésta cree que pierde influencia en la zona del conflicto. Por esto, a veces las guerras que debieran de tener una pronta solución para el beneficio de todos, se eternizan y parece que no van a acabar nunca.

Sin embargo, cuando las grandes potencias ven que hay un peligro inminente de conflagración universal, entonces sí, los movimientos de los insurgentes son pronto sofocados, ya que todas las naciones se ponen pronto de acuerdo para abortar el conflicto.

El ejemplo de esto nos lo dio recientemente la invasión de Kuwait por parte de tropas iraquíes. Pronto las Naciones Unidas denunciaron los hechos, pertrechándose una gran operación que la denominaron "Tormenta del Desierto" para acabar con el presidente iraquí Sadam Hussein, el hombre que con su conducta beligerante era o podría ser un gran peligro para la estabilidad y la paz del mundo. Aquí se da el segundo Talón de Aquiles, al tener que depender las Naciones Unidas de las grandes potencias de la Organización.

Con el Canal de Suez, en el año 1956 les faltó tiempo a Francia e Inglaterra para ponerse de parte de Israel y controlar las operaciones de Nasser, presidente egipcio, ya que el Canal cerrado representaba un handicap para la economía internacional, ya que se alargaba demasiado la ruta de Bombay a Londres. Aquí Rusia protestó y ante esta protesta, Francia e Inglaterra se retiraron. Por tanto estas naciones, utilizan el veto cuando creen que los intereses de sus respectivos países se van a ver quebrantados o perjudicados por el desarrollo de los acontecimientos.

Por estas y otras causas algo están haciendo las Naciones Unidas, esto es cierto, pero no están haciendo todo lo que sería deseable ni tampoco están haciendo todo lo que es posible hacer, cuando hoy todas o casi todas las naciones del mundo están aglutinadas en el marco de esta Organización. Nunca se había dado la circunstancia de verse

178 países reunidos para tratar de solucionar los problemas más acuciantes que planteara la humanidad en cada momento.

El deseo de construir una Organización capaz de lograr la armonización y solución pacífica de las fricciones o confrontaciones que pudieran existir entre los Estados ha sido un viejo anhelo de la humanidad. Paradójicamente, las dos guerras mundiales fueron el punto de partida y el incentivo más palpable que han tenido los pueblos para comprometerse a crear un forum internacional, capaz de ser un catalizador de todos los conflictos y de propiciar fórmulas de advenimiento entre las partes beligerantes.

Ya al concluir la Primera Guerra Mundial, bajo el liderazgo del presidente norteamericano Woodrow Wilson, tuvo lugar el primer intento serio de construir una organización de carácter supranacional, orientada a evitar una más que probable posibilidad de destruir el planeta como consecuencia de un enfrentamiento bélico entre las naciones.

La mayoría de las naciones participantes en el conflicto de 1914 unieron sus fuerzas para apoyar los principios de paz, seguridad y bienestar de la humanidad. Fue de este modo que en 1920 el Pacto de la Liga de las Naciones (o como se le conoce más sencillamente, la Sociedad de Naciones) surgió como escenario de las aspiraciones de los países participantes para tratar de evitar otro genocidio. Sin embargo, la crisis económica de la década de los 20 y principio de los 30, aunado al desarrollo del nacionalsocialismo alemán, condujo a la desintegración temprana de la Sociedad de Naciones. En efecto, el fracaso de la aplicación de sanciones por parte de la Liga en contra de Italia en 1935-1936, acompañado de la consolidación de Alemania como gran potencia (en especial por su militarización), fueron factores fundamentales para propiciar el inicio de la Segunda Guerra Mundial. La Sociedad de Naciones vio impotente cómo, Alemania en primer lugar y después Italia y Japón se constituían sus propios imperios por medio de la fuerza militar. Así, el mundo fue envuelto de nuevo en la danza macabra de la muerte y en 1939 volvió a vivir seis años de horror de hambre y de miseria.

La Sociedad de Naciones había fracasado. A pesar de este fracaso, en 1941 las propias naciones en lucha contra las potencias del Eje (Roma-Berlín), anunciaron en Londres su intención de insistir en el establecimiento de un orden en el que la no agresión sería el principio articulador, orientando los recursos a fortalecer la paz y la seguridad mundial. Un año más tarde, en Washington, esta coalición aumentada por la adhesión de otros países que se vieron en la necesidad de unirse a las fuerzas aliadas acordaron la Declaración de las Naciones Unidas. Dicho texto implicaría una ratificación de la Carta del Atlántico del 14 de agosto de 1941, en la cual se establecía de manera un tanto vaga que el mundo propugnaría el establecimiento de una paz que proveyera a las naciones los medios necesarios para vivir con seguridad dentro de sus propias fronteras. Precisó además el antedicho texto el desarme de los agresores y consecuentemente la creación de un sistema más amplio y permanente de seguridad colectiva.

Aparte de estos principios que ya hemos mencionado, en la Carta del Atlántico no se hizo ningún otro pronunciamiento transcendental relacionado con la posibilidad de establecer una organización internacional para mantener la paz y la seguridad, hasta la conferencia de Moscú en octubre de 1943. En dicha conferencia, los representantes de China, Unión Soviética, Gran Bretaña y Estados Unidos reconocieron la necesidad de establecer lo más pronto posible una organización internacional basada en el principio de la igualdad soberana de los países amantes de la paz, que estuviera abierta a todos los estados, grandes y pequeños, para así garantizar el mantenimiento de la paz y seguridad internacionales. El tercer talón de Aquiles aparece aquí cuando se usa la demagogia para expresar que todos los países partirán de una igualdad soberana, pensando el autor que esto no es así ya que es muy otra la triste realidad.

En Teherán, en diciembre de 1943 el presidente de los Estados Unidos de América (Roosevelt), el primer ministro de Gran Bretaña (Churchill) y el premier de la Unión

Soviética (Stalin) reconocieron la responsabilidad suprema que tenían todas las naciones en crear las bases, de una vez para siempre, para la paz que preservara la buena voluntad de los pueblos del mundo para que así desapareciera el terror de las guerras por muchas generaciones.

Asímismo, en esa ocasión, se convino en buscar la cooperación y participación activa de todas las naciones para eliminar la tiranía, la esclavitud, la opresión y la intolerancia. De esta forma, en pleno conflicto bélico, continuaban los planes en los dos lados del Atlántico para la creación de esta nueva Organización internacional. En el verano de 1944 la atmósfera para una nueva reunión ya estaba lista. El 21 de agosto de ese mismo año se llevó a cabo un nuevo encuentro, siendo esta vez en Dumbarton Oaks en las inmediaciones de Washington, con el objeto de llevar a cabo conversaciones exploratorias avanzadas.

Estas conversaciones ya tuvieron cierta efectividad, ya que dieron como resultado las Propuestas de Dumbarton Oaks, en las cuales se anunciaba la iniciativa de promover unos principios básicos con unas propuestas que se podrían resumir en el mantenimiento de la paz y seguridad internacionales y el desarrollo de relaciones amistosas entre naciones, logrando así una cooperación internacional para la solución de problemas internacionales de carácter económico, social y humanitario, creándose un centro en donde hubiera una coordinación de las naciones para la consecución de fines comunes.

Parece ser (no se sabe la razón) que, en principio, la adhesión a esta organización no aspiraba o no se veía la posibilidad de que pudiera tener carácter universal. Sin embargo, si se tenía muy claro que las propuestas de los estados que iban a ser miembros de la Organización tendrían que definir las obligaciones y responsabilidades de la Asamblea General y las del Consejo de Seguridad.

En febrero de 1945, en la Conferencia de Yalta, se acordó regular las votaciones en el Consejo de Seguridad, otorgando una situación de miembros permanentes a las cinco grandes potencias con derechos más amplios que los que tenían anteriormente en la Sociedad de Naciones. A esta

reunión le siguió otra en Ciudad de México, del 21 de febrero
al 8 de marzo de 1945, y esta reunión que sería de puro
trámite les llevaría al 24 de octubre de 1945, fecha en la que
entraría en vigor la Carta de la Organización que como
homenaje a la memoria del presidente de los Estados
Unidos, Franklin Delano Roosevelt se llamaría Naciones
Unidas, siendo éstas el producto de la Conferencia de San
Francisco. En esta Conferencia de San Francisco estuvieron
presentes los siguientes países:

Arabia Saudita, Australia, Bélgica, Bolivia, Brasil, Canadá,
Chile, China, Colombia, Costa Rica, Cuba, Salvador, Estados
Unidos, Etiopía, Filipinas, Francia, Grecia, Guatemala, Taití,
Países Bajos, Honduras, India, Irán, Irak, Líbano, Liberia,
Luxemburgo, México, Nicaragua, Noruega, Nueva Zelanda,
Panamá, Paraguay, Perú, Reino Unido, Siria, Turquía, la
Unión de Sudáfrica, Unión Soviética, Uruguay, Venezuela y
Yugoslavia, Checoslovaquia, República Dominicana,
Ecuador y Egipto.

A esta Conferencia se fueron sucediendo otras y otras en
donde se fueron aglutinando más países a la Carta de las
Naciones Unidas. Los tres primeros países inmediatamente
después de esta Conferencia de San Francisco que entraron
en la Organización fueron: Argentina, Bielorrusia y Ucrania.

La Carta adopta las ideas básicas del Pacto de la Liga de
las Naciones, en el entendido que contempla la admisión de
nuevos miembros por elección e inscribe las condiciones
para ser satisfechas por los candidatos.

La idea de que la Organización estaría abierta a todos los
países amantes de la paz, tuvo su origen en la Declaración
de Moscú el 30 de octubre de 1943. Tal idea fue aceptada en
Dumbarton Oaks e incorporada a las propuestas del mismo
nombre.

Sin embargo, en San Francisco se pensó que dicho texto
resultaba un tanto inadecuado, toda vez que la admisión no
revestía el carácter de universal. Fue la intención de la
Conferencia otorgar esta facultad discrecional al Consejo de
Seguridad, para recomendar a los candidatos a la Asamblea
General con la finalidad de marcar una pauta en la elección
de nuevos miembros. De acuerdo con la Carta de la

Organización los requisitos de admisión son cinco. El solicitante deberá: Primero, ser un Estado. Segundo, ser amante de la paz. Tercero, aceptar las obligaciones de la Carta. Cuarto, ser capaz de cumplir con las obligaciones de la Carta y Quinto, estar dispuesto a hacerlo.

A la interpretación y aplicabilidad del párrafo anterior se hizo después un comentario presentado por la Delegación de México que dice:

"Es del entendido de la Delegación de México que el párrafo 2 del capítulo 3 no puede ser aplicado a aquellos Estados cuyos regímenes hayan sido establecidos por la fuerza de las armas o con la ayuda de las fuerzas militares."

Dicho pronunciamiento era dirigido a los anteriormente citados países, pero particularmente al gobierno de Franco en España, ya que fue confirmado en la Declaración de Postdan el 2 de agosto de 1945 en la forma que aparece a continuación:

"Los gobiernos del Consejo de Seguridad se sienten obligados a no favorecer ninguna solicitud de entrada a la Organización al gobierno de España, el cual ha sido establecido con la ayuda de las potencias del Eje. Por tanto, carecería, por razón de sus orígenes, de las características necesarias para justificar su admisión como miembro de la Organización.

LUGARES DONDE HAN INTERVENIDO LAS NACIONES UNIDAS:

LOS BALCANES. En 1946, muy poco tiempo después de crearse las Naciones Unidas, se creó por parte de la Organización una Comisión Especial sobre los Balcanes, con el objeto de investigar alegatos griegos sobre la existencia de infiltraciones ilegales desde Albania, Yugoslavia y Bulgaria, de quienes se decía que apoyaban la insurrección en ese país.

Investigados los hechos, el Consejo de Seguridad en diciembre de 1946 adoptó por el veto de Rusia la resolución del Comité Especial, que había sacado la conclusión de que Grecia llevaba a cabo actos represivos en contra de sus ciudadanos mientras que Albania, Bulgaria y Yugoslavia lo único que hacían era proporcionar ayuda de carácter humanitario. Este hecho, según el autor, dejó entrever la impotencia de la O.N.U. ante los intereses de una gran potencia como la U.R.S.S., ya que las infiltraciones "ilegales" eran guerrilleros comunistas.

INDONESIA. Otro acontecimiento importante que desempeño la O.N.U. fue la creación de Comisiones Especiales para la supervisión del cese el fuego en Indonesia con motivo de su independencia de los Países Bajos. Estos hechos se predecían en 1947, cuando en el mes de agosto el Consejo de Seguridad emitía una resolución en la que se hacía un llamamiento a las partes para poner un alto el fuego a las hostilidades y poder solucionar el conflicto a través de negociaciones. En esta negociación intervinieron, además de las partes beligerantes, representantes de Australia, Bélgica, Francia, el Reino Unido y Estados Unidos.

Este caso de Indonesia fue el primero en el que el Consejo de Seguridad de la O.N.U. convocó a un alto el fuego, estableciendo una Comisión específicamente para observar el desarrollo de los acontecimientos.

PAKISTÁN Y LA INDIA. También las Naciones Unidas crearon una Comisión para investigar hechos y ejercer una influencia de mediación entre Pakistán y la India, quienes se habían declarado la guerra en virtud de la disputa fronteriza de Cachemira. En la actualidad, todavía tiene la O.N.U. aproximadamente cuarenta observadores en ese lugar.

CANAL DE SUEZ. La primera fuerza de emergencia de las Naciones Unidas se crea cuando en octubre de 1956, Israel, Gran Bretaña y Francia invadieron Egipto con el objeto de presionar a este país para que revirtiera la nacionalización del Canal de Suez. La Unión Soviética, acusó a los tres países invasores de agresión. Estado Unidos condenó la acción, pero no se logró ningún acuerdo para responder de manera concertada y el Canal se abrió después de unas breves conversaciones entre las Naciones Unidas, Israel, Gran Bretaña, Estados Unidos, Rusia y Francia.

CONGO. En el Congo también intervinieron las Naciones Unidas, siendo ésta posiblemente una de las operaciones más difíciles y complejas. La república del Congo había obtenido su independencia de Bélgica en junio de 1960 y poco tiempo después una de sus provincias más ricas, la provincia de Katanga, declaró su independencia. El gobierno belga ordenó la entrada de sus tropas al territorio congolés con el pretexto de proteger la vida y las propiedades de los ciudadanos europeos. El presidente del Congo, Kasavubu, solicitó al Secretario General de la O.N.U. su intervención para que el Consejo de Seguridad considerara el asunto.

El problema central de este contencioso surgió, cuando las tropas belgas no se querían marchar del territorio congolés y la Unión Soviética decidió apoyar al primer ministro Patricio Lumumba, mientras que el bloque occidental apoyaba al presidente Kasavubu.

El Consejo de Seguridad instó a las Naciones Unidas para tomar las medidas necesarias para evitar una guerra civil, autorizando posteriormente al Secretario General de las Naciones Unidas para que realizara acciones de ayuda al Gobierno congolés en la restauración del orden y la paz. Posteriormente se autorizó al Secretario General para detener la zona de conflicto. Esto permitió a la O.N.U. actuar contra el movimiento secesionista de Katanga. Fue precisamente en una de estas misiones de paz, cuando se dirigía a entrevistarse con el presidente de Katanga, que el Secretario General de las Naciones Unidas Dag Hammarskjold perdió la vida en un accidente de aviación.

NUEVA GUINEA. También las fuerzas de seguridad de las Naciones Unidas actuaron en Nueva Guinea Occidental. Cuando los Países Bajos se retiraron de Indonesia en 1949 bajo la supervisión de las Naciones Unidas, la disputa sobre el territorio del Irán Occidental reclamado por Indonesia, no se había resuelto. Fue en 1961 cuando los Países Bajos decidieron su mandato sobre Nueva Guinea Occidental y aceptaron someter dicho territorio a la supervisión de las Naciones Unidas. Tal propuesta fue rechazada por Indonesia que insistía en sus derechos de reclamar tal porción de territorio.

La misión principal de las Fuerzas de Seguridad en Nueva Guinea Occidental fue la de asegurar una transición pacífica evitando los brotes de violencia que podían poner en peligro la estabilidad del país. Hubo intensas negociaciones entre la O.N.U., los Países Bajos e Indonesia y el primero de mayo de 1963, el control administrativo de Nueva Guinea Occidental fue transferido a Indonesia y en 1969, seguido de un plebiscito convocado exprofeso, la gente de Nueva Guinea Occidental decidió seguir siendo parte de Indonesia.

YEMEN. En el Yemen también tuvo que intervenir una Misión de Observadores de la O.N.U., mandados por el Consejo de Seguridad en junio de 1963 con el objeto de separar las fuerzas en conflicto en el Yemen. La guerra civil se había iniciado allí en septiembre de 1962, adquiriendo magnitudes internacionales, ya que tanto Egipto como Arabia Saudita estaban involucrados en el apoyo a, las partes republicanas unos y monárquicas los otros.

El Secretario General U. Thant preparó un plan, a través del cual, Egipto dejó de prestar ayuda logística y militar a las fuerzas monárquicas, para que con este antecedente, Arabia Saudita retirara sus tropas inmediatamente. El acuerdo también contemplaba a un Grupo de Observadores de las Naciones Unidas, para certificar el cumplimiento del acuerdo, concluyendo así la operación en 1964.

, Las Naciones Unidas sólo en una ocasión y debido a la ausencia de la Unión Soviética del Consejo de Seguridad, (como protesta por aceptar a la China nacionalista en el Consejo) pudieron adoptar medidas resolutivas en un conflicto que afectaba los intereses soviéticos. Fue en 1950 cuando Corea del Norte rebasó el paralelo 38 e invadió Corea del Sur. El Consejo de Seguridad recomendó a todos los Estados miembros, que prestaran ayuda a Corea del Sur. El Estado Mayor Militar del Consejo de Seguridad proveyó y organizó los planes para dichas ayudas. Mas una vez que la U.R.S.S. retornó, al Consejo en agosto de 1950, este Estado Mayor Militar quedó incapacitado para tomar cualquier decisión o acción por motivo del veto impuesto por la U.R.S.S.; de aquí la toma de posiciones de las dos fracciones que se habían creado en las Naciones Unidas.

Rusia, que se puso de parte de Corea del Norte, y Estados Unidos, que defendía a Corea del Sur, (creándose aquí una gran contradicción ya que las Naciones Unidas que se habían creado a instancias de estas dos superpotencias, se ven doblegadas y superadas por la ironía de estas circunstancias) y aquí es donde se pregunta el autor quién pone orden en esta Organización.

De todo esto se deduce, que las superpotencias, "entiéndase Rusia y Norteamérica" parece que habían creado las Naciones Unidas para utilizarlas en beneficio de sus propios fines (éste es otro talón de Aquiles de las Naciones Unidas).

De aquí parte la guerra de Corea. Las Naciones Unidas no pueden hacer nada. Corea del Norte, con su ejército y la ayuda de la U.R.S.S. y Corea del Sur con el suyo y la ayuda de los Estados Unidos de América, inician un enfrentamiento bélico en torno al paralelo 38. En 1950, la China comunista, que había estado al margen de la situación entra en el conflicto colaborando con Corea del Norte y Rusia.

Se establecen encarnizados combates en caminos intransitables, en terrenos inhóspitos, mientras la diplomacia de todas las embajadas relacionadas con el conflicto, trata de darle solución a esta guerra maldita que al menos al país Norteamericano no debería de haberle importado demasiado.

Al llegar el año 1953 se creó un armisticio en donde se sentaron las bases para que se procediera a un respeto mutuo entre las partes contendientes. El tiempo pasa sin dejar de combatir hasta 1972., fecha en que en Corea del Norte se crea una Constitución en la que se expone que el poder legislativo será ejercido por la Asamblea Suprema del Pueblo con mayoría del Partido de los Trabajadores, mientras que en Corea del Sur, con la situación política bastante más complicada, por sangrientos atentados, sabotajes y revueltas, al final, con mucho esfuerzo y sufrimiento, se llega a la democratización de las Instituciones aprobadas por referéndum en 1987, en cuya Constitución se confía el poder a un presidente de República.

También por los años 50, otro gran conflicto difícil de solucionar se abre en el Extremo Oriente, ¡Vietnam!. Vietnam con el ardor nacionalista que le suscita el fin de la segunda Guerra Mundial y alentados por su jefe, el venerado Ho-Chi-Mink, se boicotean unas elecciones que se debieron de celebrar en 1946, comenzándose así la segunda guerra colonial francesa en la península de Indochina.

Esta situación de enfrentamiento concluye con la derrota de los franceses en la localidad vietnamita de Dien-Bien-Fu después de cruentos combates, mas la encarnizada resistencia terminó con la victoria de las tropas nor vietnamitas del general Giap, poniéndose de esta manera fin a la dominación francesa en Indochina.

A continuación de ésta, se inician unos diálogos entre mediadores de ambas partes para que llegase al 21 de julio del mismo año a la Conferencia de Ginebra, en donde se reconoce la independencia dé Vietnam y su integridad nacional, mas decidiéndose que temporalmente se dividiría el país en dos partes a lo largo del paralelo 17, suscribiendo que la unificación debería tener lugar mediante unas elecciones generales dentro del mes de julio de 1956.

El acuerdo que se había tomado con gran entusiasmo tampoco llegó a consumarse, ya que en 1959 los primeros movimientos revolucionarios aparecieron en el sur contra la dictadura del presidente católico Ngo-Dinh-Diem, asesinado posteriormente en Saigón en el transcurso de un golpe de estado.

Ante esta situación de revuelta, encabezada por el Frente Nacional de Liberación y apoyada por la U.R.S.S. y China, el gobierno de los Estados Unidos de América decidió aumentar el peso de su propia intervención, enviando en agosto de 1964 un poderoso cuerpo expedicionario a aquel lodazal de cieno y muerte.

No ha comprendido nunca el autor, cómo los Estados Unidos se metieron en aquel callejón de una muy difícil salida. La revuelta estaba organizada por el Frente Nacional de Liberación de tendencia comunista. (Por aquellos años todos o casi todos los países del Estremo Oriente eran comunistas).

Además, este movimiento estaba avalado por las dos superpotencias también comunistas, Rusia y China. Por esto, repito no entenderá nunca el autor cómo los norteamericanos entraron en aquella ratonera. Para mí, y ésta es mi opinión, no tuvo ningún sentido el ir a luchar a un campo en donde todo estaba en contra de los Estados Unidos. Primero el Vietcong, guerrilleros vietnamitas que se nutrían de los inacabables viveros guerrilleros chinos; segundo, las armas sofisticadas de Rusia que las tenían estos guerrilleros en su propia casa y tercero y último punto de este asunto, que los valientes marines norteamericanos desconocían por completo aquellos pantanosos e impracticables terrenos. Mientras, el Vietcong, (bien disciplinado), eran sagaces y estrategas, conocían el terreno y eran legión; por tanto, esta guerra fue para los norteamericanos un fracaso rotundo. Sus hombres se batieron como héroes. Unos murieron, otros quedaron mutilados, muchos enloquecieron y los que volvieron, volvieron destrozados.

Ante el cariz que tomaron los acontecimientos en la lucha que se estaba librando allá, el presidente Johnson puso en marcha una serie de negociaciones especialmente en París, en donde se consiguió que en enero de 1973 que se llegara a un acuerdo de alto el fuego. En esta negociación, que fue un éxito, tuvo mucho que ver la tenacidad y dotes de persuasión del entonces Secretario de Estado norteamericano. Henry Kissinger, que consiguió del duro de su interlocutor Le-Duc-Thoo, que cediera a los deseos de pacificación para poner fin a aquel infierno que la Casa Blanca no sabía como terminar.

A pesar de estos acuerdos de paz, los guerrilleros del Vietcong iniciaron una gran ofensiva, que sería la que consiguió la retirada de las mermadas y maltrechas tropas norteamericanas el 30 de abril de 1975. De la guerra del Vietnam, cree el autor, que Estados Unidos sacó una gran conclusión, que fue la de que no se puede ir a luchar a decenas de miles de kilómetros, a un terreno desconocido y con el gran inconveniente de ir a pelear y no saber por qué ni por quién se lucha, además del handicap de tener enfrente a unos adversarios que están decididos a todo con el fin de ser los dueños de sus propios destinos.

ANGOLA. En Angola también han tenido que intervenir fuerzas observadoras de las Naciones Unidas, ya que a petición de la propia Angola se solicitaba de la O.N.U. la verificación de la retirada gradual de las tropas cubanas de Angola. El mandato de esta Misión abarcó un período de 31 meses, desde febrero de 1989 hasta la retirada de las tropas cubanas en agosto de 1991.

CHIPRE. Igualmente en Chipre fueron requeridas las Naciones Unidas para solucionar un conflicto que se estaba creando en este país, toda vez que después de haber tomado un acuerdo de conformidad entre el Reino Unido, Grecia y Turquía, que establecían un sistema constitucional federal para un Chipre independiente, siendo el objetivo de este acuerdo equilibrar los derechos de las comunidades griegas con el 80% y de las comunidades turcas con el 20%. La violencia que comenzó en diciembre de 1961, ya era insoportable en 1964. A esta violencia se presentaron dos soluciones. Una de ellas era la intervención de Gran Bretaña, Grecia y Turquía y la otra el establecimiento de una fuerza de mantenimiento de la paz supervisada por la O.T.A.N. (Organización del Tratado del Atlántico Norte). Ninguna de las dos fórmulas fue aceptada, siendo requerida la O.N.U. para que el Consejo de Seguridad, se encargara de la solución del problema. La cuestión se zanjó creando el Consejo de Seguridad una fuerza de paz, que consiguió prevenir un conflicto de lucha armada restaurando el orden jurídico y el regreso a la normalidad.

SAHARA OCCIDENTAL. En 1975 Marruecos lanzó una ofensiva pacífica, llamada "la marcha verde" para anexionarse el Sahara Occidental. El gobierno español, tras la muerte de Franco (no se atreve el autor a juzgar si se hizo bien o mal) entregó el territorio (acuerdo de Madrid). Al año siguiente, el Frente Polisario contraatacó a Marruecos proclamando la República Arabe Saharahui Democrática (R.A.S.D.) y en 1979 Mauritania renunció a toda reivindicación de lo que pudiera pertenecerle de territorio, quedando por tanto el problema pendiente entre el Polisario y Marruecos.

En 1988, este Frente reivindicador y Marruecos, aceptaron un plan de paz auspiciado y recomendado por la O.N.U. que preveía la realización de un referéndum a lo largo de 1992. Aunque el referéndum no se ha celebrado en la fecha prevista, el acuerdo fue suficiente para solucionar en parte, pacíficamente el contencioso entre Marruecos y el Sahara Occidental, aunque todavía queden pendientes algunos detalles de tipo diplomático que den por finalizado el asunto del Sahara.

IRAK. Las Naciones Unidas intervinieron en Irak. El 2 de agosto de 1990 Irak invade Kuwait. El mismo día el Consejo de Seguridad condena la invasión y exige el retiro inmediato e incondicional de las tropas de Irak, de Kuwait. Días después el Consejo ordenó la aplicación de sanciones económicas en contra de Irak y posteriormente adoptó una serie de resoluciones sobre varios aspectos de la situación que se vivía en el Golfo Pérsico. El 29 de noviembre de 1990 el Consejo de Seguridad decidió darle a Irak un plazo hasta el 15 de enero de 1991 para que acatara las resoluciones tomadas, y en caso de continuar en rebeldía, los estados miembros de la O.N.U., en cooperación con Kuwait, pondrían todos los medios necesarios para tratar de aplicar las decisiones del Consejo de Seguridad y restaurar de esta manera la paz y la seguridad en la zona. Al llegar la fecha límite fijada por el Consejo, y sin haber recibido una respuesta satisfactoria de Irak, el Consejo de Seguridad da orden a una fuerza multinacional, para que lance un fulgurante ataque aéreo contra este país, iniciándose el 24 de febrero el comprometido ataque terrestre.

Las hostilidades se suspendieron el 27 de febrero, fecha en la cual las tropas irakíes empezaron a desocupar Kuwait. El 3 de abril de 1991, mientras seguían en vigor las sanciones económicas en contra de Irak, el Consejo de Seguridad adoptó la resolución (687) en la que se imponen una serie de condiciones para un alto el fuego.

La misma resolución 687 estableció una zona desmilitarizada a todo lo largo de la frontera entre Irak y

Kuwait que sería supervisada por observadores de las Naciones Unidas. Asimismo se solicitaba al Secretario General que sometiera a la consideración del Consejo un plan para cumplir con la decisión de crear una Misión Observadora de las Naciones Unidas para Irak-Kuwait.

La función principal de esta Misión sería supervisar el pasaje marítimo de KHWAR-ABDALLAH y la zona desmilitarizada con fundamento en la demarcación acordada por el tratado de 1963 entre ambos países.

Igualmente, esta misión estaría encargada de impedir violaciones de la frontera de ambas naciones y observar cualquier tipo de acción hostil que pudiera llevarse a cabo de un territorio a otro. Los observadores militares de la Misión, desarmados y sin autoridad, al ver los derroteros que cogía la situación decidieron solicitar al Consejo de Seguridad emplear la fuerza, fuerza que fue empleada para este apaciguamiento del malestar y violaciones que se estaban realizando en la zona. Después de varias pasadas de la aviación de las Naciones Unidas, en una operación denominada "Tormenta del Desierto", en el verano del mismo año se restableció la paz.

Hoy, la responsabilidad del mantenimiento del orden jurídico está a cargo de ambas naciones y de una misión de las Naciones Unidas.

CAMBOYA. En Camboya las Naciones Unidas tuvieron que enviar una Misión de Avanzada porque las hostilidades en 1978 entre la República Democrática de Kampuchea y Vietnam se estaban recrudeciendo, pudiendo desembocar en un conflicto bélico. En esta situación el Consejo de Seguridad decidió interesarse por la situación en el contencioso que sostenían ambos países.

En enero de 1979 el Consejo de Seguridad se reunió a petición de Kampuchea Democrática, que acusaba a Vietnam de agresión con motivo de la invasión que este último había llevado a cabo con el objeto de derrocar al Khmer Ronge. A consecuencia de esto, el Consejo de Seguridad adoptó una resolución en la cual condenaba toda agresión extranjera demandando el retiro inmediato de las tropas vietnamitas de territorio kampucheano. Tal resolución no fue aprobada debido al veto de un miembro permanente del Consejo.

Después de largas negociaciones entre ambos países, el 23 de octubre de 1971 en la reunión final de la conferencia de París sobre Camboya, las naciones en conflicto y 18 naciones más como garantes, firmaron los acuerdos para una solución política ante la presencia del Secretario General de las Naciones Unidas.

Estos acuerdos son la culminación de una década de negociaciones en las que el Secretario General Pérez de Cuéllar, estuvo personalmente involucrado. Se creó una Misión de Avanzada en la que tal Misión, fue integrada principalmente por militares que ayudarían a las partes a resolver cualquier conflicto o violación al cese el fuego. Esta sería la operación más numerosa y costosa jamás emprendida por la O.N.U. en donde intervinieron más de 22.000 efectivos.

NICARAGUA. En marzo de 1982, Nicaragua solicitó una reunión al Consejo de Seguridad con el objeto de estudiar la situación política en América Central. Mientras esto sucedía, los Estados Unidos de América acusaban a Nicaragua de enviar efectivos militares a otros países del área con el objetivo de desestabilizar a toda la región.

El Consejo de Seguridad emitió una resolución en la que apelaba a todos los países de la zona para que se abstuvieran de intervenir bien directa o indirectamente usando la fuerza en contra de cualquier otro país del área.

En los años siguientes al conflicto, en la región se agudizó en buena medida por la participación ingerencista de algunos de los países ajenos a la región. Insistió Nicaragua solicitando de la O.N.U. y de la O.E.A. (Organización de Estados Americanos) su apoyo para la celebración de elecciones.

Estas tuvieron lugar en febrero de 1990. Para tal efecto se establecieron la ONUCA y la ONUVEN. La primera tenía la misión de vigilar la separación de fuerzas, la entrega de armas de los grupos irregulares, etc. y la ONUVEN tenía un papel fundamental en la preparación, observación y monitorreo del proceso y resultado electoral.

Su función concluyó unos días después de que se conocieran los resultados de las elecciones y ONUCA que se integró con más de 400 hombres terminó sus funciones por no ser ya necesarias, en enero de 1992.

EL SALVADOR. (Misión de Observadores de las Naciones Unidas en el Salvador). El 26 de julio de 1990 el gobierno de El Salvador y el Frente Farabundo Martí firmaron en San José de Costa Rica un acuerdo sobre Derechos Humanos. Este fue uno de los primeros logros sustantivos del complejo proceso de negociaciones conducido por el Secretario General desde abril de 1990. El objetivo de las negociaciones fue lograr una serie de acuerdos políticos, encaminados a la terminación del conflicto armado lo más rápidamente posible, promoviendo la democratización del país y garantizando el respeto a los Derechos Humanos con miras a la reunificación de la sociedad salvadoreña.

El acuerdo sobre Derechos Humanos estipuló el establecimiento de una Misión de verificación de las Naciones Unidas para supervisar, sobre todo con respecto a las libertades fundamentales. De conformidad con este acuerdo, la Misión empezaría a funcionar en el momento en que cesaran las hostilidades, aunque tiempo después de la firma de los tratados, las partes en conflicto solicitaron que la Misión se instalara sin esperar siquiera el alto el fuego.

En marzo de 1991, el Secretario General envió una Misión preliminar, con el objeto de determinar la extensión de las actividades de verificación antes de la cesión del conflicto armado. Estas Misiones de Paz y Verificación se terminaron cuando ONUSAL (Organización Dependiente de las Naciones Unidas), empieza a controlar la cuestión de los derechos humanos, empieza a controlar el desmantelamiento del aparato militar F.M.L.N. (Frente Militar De Liberación Nacional) y la reducción del ejército regular.

El ONUSAL tiene para sus compromisos en El Salvador un componente civil, para verificar el total respeto a los Derechos Humanos, otro componente de policía, que cumple con la función de vigilar las acciones que realiza este cuerpo en el país, y tiene otro componente militar que supervisa y sirve como testigo del cumplimiento de los aspectos más delicados como son los relacionados con las cuestiones militares. El total de efectivos que la O.N.U. tiene participando en todas estas operaciones en El Salvador es de un total de 1000.

ORIENTE MEDIO. Uno de los contenciosos que más quebraderos le ha proporcionado a las Naciones Unidas ha sido Oriente Medio. Israel, Palestina, Egipto, Libia y Líbano han sido hasta hoy un polvorín en proceso explosivo.

Durante la Segunda Guerra Mundial, el Estado de Israel no existía. Fue cuando Inglaterra, que tenía bajo su custodia a Palestina (desde 1918), decidió en 1947 ceder su potestad a la O.N.U. para que ésta por su cuenta dividiera Palestina para formar un estado judío y otro árabe. Este hecho se vio favorecido por la inmigración judía que acudía de todas partes, mas todo esto tuvo una gran oposición por parte de los árabes. No hubo paz entre ellos en el transcurso de casi 50 años. Las razas y las religiones (otra vez las razas y las religiones) sin cesar ni un solo día no han dejado las armas en uno u otro lugar: "La Guerra de los Seis Días" con los egipcios, los Altos del Golán con los sirios, la Intifada con los palestinos, y el sur del Líbano con los árabes del Líbano. Así ha estado Israel y la zona desde 1948.

Las Naciones Unidas crearon una Misión de Supervisión llamada Tregua de Palestina. Este organismo constituido en 1948, creó una operación que fue la progenitora de otras seis operaciones más en Oriente Medio. Los árabes querían un estado unitario y los israelitas tenían muchas dudas, por lo que el Reino Unido, habiendo declarado que no aceptaría ningún plan que no fuera apoyado por ambas partes, no decidió renunciar a su mandato en Palestina, hasta el 15 de mayo de 1948, fecha ésta en la que se comprometerían tanto Israel como Palestina a abandonar sus exigencias. De inmediato, Israel proclamó un estado independiente y los árabes sin saber por qué no respetaron el acuerdo anterior invadiendo Israel. Consecuentemente se inició el conflicto armado. En esta invasión a Israel, participaron cinco países árabes. Ante esta situación, las Naciones Unidas crean una Misión de Paz para tratar de conseguir por medio de acuerdos y pactos, "unas veces entre Naser y Begin, otras con Sadah, y con Carter, con Kissinger, o con cualquier otro mediador norteamericano", siempre tratando de buscarle una solución al problema más complicado de los que tiene planteados las Naciones Unidas, ya que tienen dos inquilinos para una sola casa.

Ya llevan medio siglo árabes y judíos con este litigio, litigio del que a pesar de lo complicado parece que allá en lontanza se ve un cierto clarear de solución, ya que las Naciones Unidas han seguido insistiendo en sus planes de paz y a consecuencia de esta perseverancia, han ido consiguiendo que las hostilidades cesen. A partir de aquí las Naciones Unidas crean una Misión de Paz para la supervisión de la Tregua en Palestina.

Cuando el Conde Bernardotte, (que fue nombrado por el Secretario General como mediador en este asunto) fue asesinado en septiembre de 1948, Ralph Bunche fue nombrado como mediador interino. Bajo sus auspicios, Israel y cuatro países árabes (Egipto, Jordania, Siria y Líbano) firmaron en 1949 sendos acuerdos de armisticio. El ONUVT (agencia de la O.N.U.), ayudó a las partes en los acuerdos por conducto de Comisiones mixtas de armisticio, para vigilar la aplicación y observancia de las disposiciones de los acuerdos. La ONUVT, continúa hasta este momento como una operación de mantenimiento de la paz con características híbridas debido a que siempre careció de un mandato bien estructurado.

Sin embargo, esto le ha proporcionado gran flexibilidad, pudiéndose adaptar a diversas circunstancias, aunque se hace preciso mencionar que su función especial es básicamente supervisar el cese del fuego en la zona de conflicto.

Este organismo se vio vinculado muy estrechamente con la fuerza de emergencia de las Naciones Unidas durante la crisis del Canal de Suez en 1956. Bajo la dirección del Secretario General, colaboró en el aseguramiento y supervisión del cese el fuego en la zona del Canal, después de las guerras de 1967 y 1973, colaborando igualmente en Beirut en 1982. Hoy, esta situación de Palestina ya casi no es problema ya que está bastante controlado. (Aunque últimamente se esté sucediendo algún que otro acontecimiento bastante preocupante.)

LÍBANO. Otro gran problema que ha existido a través de mucho tiempo en el Oriente Medio ha sido el Líbano. Este país que se decía en infinidad de ocasiones que era el paraíso en la tierra, llegó un momento en que a más que a un paraíso se parecía a un infierno, ya que Beirut, su capital, estuvo mucho tiempo ardiendo por sus cuatro puntos cardinales.

El Líbano obtiene la independencia de Francia en el año de 1943. Se constituye en República y el poder político se divide entre cristianos y musulmanes. Los equilibrios sobre los que se sostenía la inédita formula libanesa entraron en crisis después de 1948, con el flujo de decenas de miles de refugiados palestinos huídos del recién constituído estado de Israel.

En 1958, una violenta guerra civil se resolvió con la pronta intervención de los marines norteamericanos. En 1975 otra guerra civil estalla con gran violencia interviniendo en la misma, Siria, siendo después Israel el que creyéndose con cierto derecho a participar en esa lucha endemoniada, quien ha tomado al Líbano como a la nación preferida para descargar unas y otras sus iras y sus mortíferos artilugios. En 1982 se erigió presidente a Amin Gamayel, hijo de uno de los jefes cristianos, mas como las cosas no se normalizaban, en 1983 la O.N.U., a través de las potencias occidentales Estados Unidos, Francia, Italia y Gran Bretaña enviaron al Líbano un cuerpo de paz, mas al año siguiente por imperativos desconocidos o no dados a conocer se vieron obligados a retirarse Retirados los soldados de la Misión de Paz de las Potencias Occidentales, se retira también Israel y este país -el Líbano- entra en la órbita de Siria, siendo en 1985 cuando bajo las ordenes de Damasco (Siria) se intenta formar un gobierno de unidad nacional entre todas las facciones en disputa. Al mostrarse también este gobierno dubitativo y carente de todo poder real, es Israel ante este vacío el que vuelve a invadir a este, -antes hermoso y ahora infortunado- país. A instancia de las fuerzas internacionales avaladas por las Naciones Unidas, en junio de 1985 casi la totalidad de las fuerzas israelíes tuvieron que dejar el territorio libanés, manteniendo aún una zona bajo su control. Debido a la presencia de fuerzas israelíes en esa zona, la Fuerza Provisional de la O.N.U. no ha podido llevar a cabo el despliegue de sus fuerzas como está previsto en su mandato. Las autoridades libanesas siguen insistiendo en que las fuerzas israelíes se retiren por completo, alegando que la ocupación por parte de Israel es ilegal, siendo esto lo único que logra generar hoy más tensiones en toda la región. Actualmente las Naciones Unidas cuentan en el Líbano con unos efectivos de 60.000 hombres.

Entre Siria e Israel hay algo que los tiene desde hace mucho tiempo enfrentados permanente. Igual guerrean en el Alto del Golán, que en Cisjordania, que en el Líbano y precisamente por esta causa las Naciones Unidas han tenido que intervenir en varios de los enfrentamientos de estos dos países que siempre se están peleando. Han existido ocasiones en que ha tenido que actuar una gran cantidad de soldados de la ONU para conseguir la paz.

Todos estos conflictos que acabo de enumerar, o casi todos, se han ido manifestando cuando las naciones tutoras, como las podríamos denominar, han ido concediéndoles la independencia a todas estas naciones que estaban sojuzgadas a ellas.

PAISES DESCOLONIZADOS A PARTIR DEL AÑO 1960:

Estado	Año de independencia	Antigua Autoridad
Angola	1975	Portugal
Antigua Barbuda	1981	Reino Unido
Bahamas	1973	Reino Unid
Barbados	1966	Reino Unido
Belice	1981	Reino Unido
Borneo Septentrional	1963	Reino Unido
Bostwawa	1966	Reino Unido
Bruni Dorusalam	1984	Reino Unido

Cabo Verde	1975	Portugal
Camoras	1975	Francia
Djibonti	1977	Francia
Dominica	1978	Reino Unido
Fiji	1976	Reino Unido
Gambia	1965	Reino Unido
Goa	1961	Portugal
Granada	1974	Reino Unido
Guinea Bisao	1974	Portugal
Guinea Ecuatorial	1978	España
Guyana	1966	Reino Unido
Ifni	1969	España
Islas Cocos	1984	Australia
Islas Cook	1965	Nueva Zelanda
Islas Salomón	1978	Reino Unido
Jamaica	1962	Reino Unido
Kenia	1963	Reino Unido
Kiribati	1979	Reino Unido
Lesotho	1966	Reino Unido
Malawi	1964	Reino Unido
Malta	1964	Reino Unido
Isla Mauricio	1968	Reino Unido
Mozambique	1975	Portugal
Namibia	1990	Sudáfrica
Nine	1974	Nueva Zelanda
Nueva Guinea Occidental	1963	Países Bajos
Omán	1974	Reino Unido
Saim Kitt Nevis	1983	Reino Unido
Santa Lucia	1979	Reino Unido
San Vicente	1979	Reino Unido
Santo Tomé	1975	Portugal
Sarawak	1963	Reino Unido
Seychelles	1976	Reino Unido
Sierra Leona	1961	Reino Unido
Singapur	1965	Reino Unido
Suriname	1975	Países Bajos
Swazibandia	1968	Reino Unido
Trinidad y Tobago	1962	Reino Unido
Tuvalu	1978	Reino Unido

Uganda	1962	Reino Unido
Vavautu	1980	Francia y Reino Unido
Yemen	1967	Reino Unido
Zambia	1964	Reino Unido
Zimbabwe	1980	Reino Unido

Territorios de los que se ocupa el Comité Especial de los 24 y sobre los cuales continúa aplicándose la Declaración sobre la Descolonización:

Sahara Occidental	España
Guam	Estados Unidos
Nueva Caledonia	Francia
Pitcairn	Reino Unido
Samoa Americana	Estados Unidos
Territorio en fideicomiso de las Islas del Pacífico	Estados Unidos
Timor Oriental	Portugal
Toquelan	Nueva Zelanda
Auguila	Reino Unido
Bermudas	Reino Unido
Gibraltar	Reino Unido
Islas Caimán	Reino Unido
Las Malvinas	Reino Unido
Islas Turcas y Caicas	Reino Unido
Islas Vírgenes Británicas	Reino Unido
Islas Vírgenes de los Estados Unidos	Reino Unido
Monserrat	Reino Unido
Santa Elena	Reino Unido

ESPAÑA DEJA EL SAHARA

El 26 de febrero de 1976 España informó al Secretario General de las Naciones Unidas, Kurt Waldheim, que a partir de esta fecha daba por terminada su presencia en el territorio del Sahara, considerando necesario dejar constancia de lo siguiente: España se considera exenta desde ya, de cualquier responsabilidad de carácter internacional para la administración del territorio, en vista de que ha cesado de participar en la administración temporal establecida en él. Desde el 5 de diciembre de 1984 la Asamblea General ha reafirmado que la cuestión del Sahara Occidental es un problema de descolonización que debe ser resuelto por el pueblo mismo.

MAS RESPONSABILIDADES DE LA O.N.U.

Otras importantes responsabilidades tiene las Naciones Unidas y a ellas me voy a ir refiriendo en la medida de lo posible. Una gran responsabilidad que tiene la O.N.U. con la sociedad mundial, es el problema de la salud y para esto las Naciones Unidas crearon esta organización: la Organización Mundial de la Salud.(O.M.S.)

CREACIÓN DE LA O.M.S.

La Organización Mundial de la Salud, fue creada en 1945 e inició sus labores el día 7 de abril de 1948. Desde entonces, en esa fecha se celebra anualmente el Día Mundial de la Salud.

Tiene su sede en Ginebra, (Suiza). La Asamblea Mundial de la Salud, órgano directivo de la O.M.S., está integrada por 175 estados miembros que se reúnen anualmente para decidir las políticas y programas de la Organización y aprobar los presupuestos de ésta. Tiene también un Consejo Ejecutivo que actúa como el órgano ejecutivo de la Asamblea y está integrado por 31 personas electas por esta Asamblea, por recomendación de los gobiernos.

La O.M.S tiene como objetivo principal y fundamental lograr que todos los pueblos alcancen el más elevado nivel de salud. Asímismo, fomentar la cooperación técnica entre las instituciones nacionales de salud de sus estados miembros, especialmente entre los países en desarrollo. Para tal efecto coordina un programa mundial de investigación e intercambio de información científica, con la colaboración de más de 900 Institutos de salud nacionales.

En 1987 como respuesta a la resolución de la Asamblea General, que define a la salud como una parte integral del desarrollo, la Asamblea Mundial de la Salud fijó la meta de alcanzar salud para todos en el año 2.000 como su objetivo fundamental. Con ese fin se elaboró una estrategia con la participación activa de los Estados miembros en la que se establecen los siguientes elementos como requerimientos necesarios para alcanzar la meta deseada en el antedicho año 2000: alimentación, acceso a agua potable y facilidades sanitarias adecuadas, vacunación para su inmunidad contra las principales enfermedades tales como tuberculosis, sarampión, tétanos, tosferina, difteria y poliomelítis y también tener acceso a todas las enfermedades con suministro adecuado de medicamentos, así como atención materno-infantil incluida la planificación familiar.

La O.M.S. tiene un papel muy activo en relación con la prevención y control de enfermedades. En 1977 alcanzó una gran campaña mundial de vacunación. Igualmente la Organización Mundial de la Salud, se ha dedicado a proporcionar vacunas para la inmunización eficaz de las anteriormente citadas enfermedades e incluso las enfermedades transmisibles. La O.M.S. también desarrolló un programa especial, con la colaboración del Programa de las Naciones Unidas para el Desarrollo y el Banco Mundial, dirigido a los países en desarrollo para fortalecer sus Institutos de Investigación de enfermedades tropicales.

A través de este Programa la O.M.S. coordinó una red de 40.000 científicos para investigar el desarrollo de vacunas, nuevas medicinas, insecticidas sin química y otros métodos de control.

En el período de 1981-1990 la Organización Mundial de la Salud participó activamente en la preparación del Decenio Internacional del Agua Potable y del Saneamiento Ambiental. Además, conjuntamente con el Fondo de las Naciones Unidas para la infancia UNICEF, ha realizado actividades de capacitación para mejorar prácticas de higiene y rehidratación oral para prevenir muertes infantiles tanto en zonas urbanas marginadas, como en comunidades rurales.

En 1987, la O.M.S. aprobó una Estrategia Global contra el Sida (Sindrome de Inmunodeficiencia Adquirida). El propósito de este programa era para prevenir la transmisión de la enfermedad a través de campañas de educación e información, ayudando a la población infectada y respetando sus derechos humanos y su dignidad personal, uniendo esfuerzos nacionales e internacionales contra esta peligrosísima enfermedad como es el S.I.D.A.

Cree el autor que todo esto está muy bien y es digno de elogio, más tengo un reproche para las Naciones Unidas por no ser capaces de convencer a los respectivos gobiernos que forman éstas, para que colaboren más, con más medios y más dinero para investigar hasta el límite y tratar de encontrar el camino que nos conduzca hasta el triunfo final en la lucha contra esta enfermedad y también contra el cáncer. Yo pienso que las naciones deberían de tener menos bombas atómicas, menos material bélico y también hacer menos experimentos espaciales, para de esta manera, poder aportar más medios económicos para que los científicos tuvieran más posibilidades de éxito.

A pesar de todo, la O.M.S. es de los pocos organismos que mantiene la O.N.U., que se salvan con un saldo bastante positivo con sus actuaciones en los lugares más recónditos de la Tierra, ya que sus dirigentes han sido lo suficientemente consecuentes con la realidad y han acometido con una acción decidida y valiente, campañas de vacunación y tratamientos, para enfermedades que poco tiempo atrás eran incurables en los cinco continentes, especialmente en los países subdesarrollados.

CREACIÓN DE LA UNESCO.

Otra Organización importante de las Naciones Unidas ha sido la UNESCO: Organización para la Educación la Ciencia y la Cultura.

La UNESCO fue establecida el 4 de noviembre de 1946. Su sede está en París (Francia). Actualmente está integrada por 163 países que se reúnen en una Conferencia General cada dos años para decidir las políticas, programas y presupuestos de la Organización. Tiene asímismo un Consejo Ejecutivo de 51 países miembros, que se reúne anualmente para supervisar la ejecución de los programas aprobados por la Conferencia. Los Estados Unidos dejaron la Organización en 1984, el Reino Unido y Singapur en 1985. En los tres casos alegaron que la UNESCO se había politizado y al politizarse había desviado de su mandato.

El autor piensa que esto no debió de ser así, aunque éstas fueran las declaraciones de los países citados anteriormente, ya que estos países hubieran tenido con que justificarse así, si en la UNESCO se hubiera creado una Agencia con el mandato de la O.N.U. de que se hubiera profesionalizado la política, constituyendo una carrera más en donde hubiera entrado un decálogo de asignaturas para que fueran superadas por todo aquél que quisiera ser político.

Entonces, repito, que con este decálogo de asignaturas, tal vez los países que se retiraron de la UNESCO por estar politizada podrían haberse quejado con razones, pero nunca debieron retirarse de esta utópica Agencia, toda vez que incluso este decálogo debiera ser integrado en el marco de la UNESCO sin levantar ninguna oscura espectativa.

(Aunque la UNESCO ya sé que no la crearon con esta intención, no estaría de más que se creara una Agencia que se encargara de lo arriba indicado).

Los objetivos que se fijó en principio la UNESCO fueron los de contribuir a la paz y a la seguridad en el mundo mediante el fomento de la colaboración entre los Estados en materia de educación, ciencia, cultura y comunicación, a fin de lograr un mayor respeto por la justicia, la observancia del derecho, los derechos humanos y libertades fundamentales sin distinción de raza, sexo, idioma o religión.

Las actividades de la UNESCO se pueden identificar en tres grandes esferas. La primera es la cooperación internacional intelectual, que consiste en un intercambio de experiencias, conocimientos e ideas con la ayuda de una red mundial de especialistas, para la que la UNESCO promueve y organiza reuniones y conferencias internacionales, igual que apoya la divulgación de métodos de documentación y publicación, con una gran variedad de trabajos y libros especializados.

La segunda, son actividades operacionales para el desarrollo, a través de las cuales coadyuva con los gobiernos en la planificación de proyectos para el desarrollo de la educación, el establecimiento de bibliotecas y centros de documentación, el mejoramiento en la educación científica y técnica y la planificación del desarrollo cultural.

La tercera área de trabajo de esta agencia es la promoción para la paz a través de la cual fomentar la investigación de problemas raciales, estudios sobre conflictos, paz, violencia y obstáculos al desarme.

La UNESCO, asímismo, proporciona cooperación a todos los niveles educacionales a través de campañas para eliminar el analfabetismo. En 1990 organizó el Año Internacional del alfabetismo, con el objeto de formular un plan de acción para eliminar el analfabetismo en el mundo.

En las áreas de ciencias naturales y tecnología, la UNESCO organiza programas de investigación en física, biología, química, informática y nuevas fuentes de energía De igual modo promueve la cooperación intergubernamental en cuestiones de medio ambiente y recursos naturales. En 1988, organizó el Programa del Hombre y la Biosfera, en el que a través de 1.000 proyectos de estudio en 100 países diferentes, se investigaron problemas del medio ambiente como tierras áridas, zonas tropicales, húmedas y urbanización.

La UNESCO también desarrolla una intensa actividad en las ciencias sociales, la cultura y la comunicación. Promueve actividades relacionadas con los derechos humanos y la paz, y coordina programas para la eliminación del racismo y la xenofobia.

En la esfera de la cultura, estableció el Programa del Patrimonio Común de la Humanidad, con el fin de preservar monumentos históricos y proporcionar apoyo financiero y técnico para la restauración y protección de los antedichos monumentos. Asímismo, estimula la creación artística, el desarrollo de las culturas y la preservación de las identidades culturales y tradiciones orales. En materia de comunicación, la UNESCO tiene varios programas a través de los cuales proporciona servicios de cooperación en el área de capacitación profesional, con el objeto de promover un flujo libre de información entre individuos, comunidades y países.

En 1986, a recomendación de la UNESCO, la Asamblea General de las Naciones Unidas proclamó el período 1988-1997, Decenio Mundial para el Desarrollo Cultural y aprobó un Plan de Acción para dicho decenio, que sería evaluado en 1993.

Igualmente con la colaboración de las Naciones Unidas, la UNESCO estableció una comisión Mundial sobre Cultura y Desarrollo integrada por personas eminentes, expertas en diversas disciplinas que prepararían un informe mundial con propuestas sobre las necesidades culturales, en el contexto del desarrollo como una aportación a la Década.

El autor quiere señalar aquí que, en educación como en todo, no sólo las medidas de grandes dimensiones son las más beneficiosas para la sociedad, ya que a veces hay pequeñas cosas que son más útiles y hasta más trascendentes por sus beneficiosos resultados.

En mi libro anterior enfatizaba que no por hacer un programa de estudios muy grandioso es más efectivo para el alumno ya que si se carga excesivamente de material podría resultarle demasiado exigente y por esta causa abandonaría los estudios. También apuntaba que se debía dar como asignatura las buenas formas y los buenos modales, algo que en principio tendría una gran trascendencia en cuanto al comportamiento y conducta de los ciudadanos. También debería introducirse en las aulas el concepto integral de la gran necesidad que tenemos los unos de los otros en este sistema que a su vez nos necesita a todos. Se le debería quitar valor a la competitividad (no anularla, por supuesto, ya que se restaría estímulo) pero sí quitarle algo de importancia. Igualmente se deberían hacer pruebas en los colegios a los alumnos, como por ejemplo el tener que mover algo que esté

ınanımado y para moverlo no pudiera hacerlo un solo
ındividuo sino que se necesitaran varios para poder lo
realizar. Así, los nıños se darían cuenta de que para hacer
algo en la vıda, es conveniente contar con la ayuda de los
demás.

En cuanto a lo de la competitividad, creo que sería muy
discutible, ya que en la mayor parte de los casos crea más
decepciones que satisfacciones, al ser muy pocos los que
triunfan.

Por otro lado, las Naciones Unidas con tantas Misiones,
tantos Organismos, tantos profesores y tantas posibilidades,
podían y debieran inculcar en la enseñanza de los niños
tanta solidaridad, tanta generosidad y tanta integridad como
para que cuando fueran mayores no se les olvidara con tanta
frecuencia la inconformidad y la rebeldía que les envuelve
cuando son jóvenes. Porque, ¿qué queda de las ideas, de
los programas y de la ilusión de los jóvenes del mayo de
1968? ¿Qué queda de aquellas revueltas callejeras por todas
las ciudades más importantes de la vieja Europa?. Si las
calles de París, Frankfurt, Russeldorf, Viena, Manchester,
Lyon y otras, hablaran ¿qué dirían?. Que mucho ruido para
tan pocas nueces. Que las cosas no han cambiado tanto
como aquellos ilusionados jóvenes querían y pedían ¿Y por
qué?. Pues porque aquellos gritos entusiastas e ilusionantes
de aquellos jóvenes se han transformado en conferencias y
comparecencias en los Congresos de los Diputados y en los
Senados, en la Cámara de los Comunes y en la de los Lores,
en Cámaras Altas y Cámaras Bajas y porque aquellas
carreras se han convertido en reuniones sosegadas y
tranquilas en torno al caviar, al cordero, a las cigalas, a las
cabezas de cochinillo y a los caldos de dıstintas
nacionalidades. De aquellas entusiastas ideas sólo ha
quedado egoísmo, conformismo, inoperancia e inmovilismo.

Francia, Gran Bretaña, Holanda, Alemania, España, Italia,
Suecia, Bélgica o Austria están hoy en el aspecto económico
y social casi como estaban entonces y en el aspecto ético-
moral pienso que no se está mucho mejor

Entonces, ¿para qué tanta algarabía? Todos aquellos
jóvenes que protestaban entonces de casi todo, son hoy

primeros ministros, ministros, directores generales, grandes ejecutivos y ante esto yo me pregunto ¿qué hacen que no reparten como decían que harían si llegaban al poder?, ¿qué hacen con esos sueldos vergonzantes por sus agresivos agravios comparativos?, ¿qué hacen que no consiguen el que haya trabajo y vivienda para todos?.

La UNESCO, creo yo que puede que tenga muy buenos deseos, pero unas veces por no poder y otras por no querer, quedan muchos asuntos sin resolver y otros sin resolver satisfactoriamente. Ante todo esto, el autor opina que es en la educación de los niños en donde está la esperanza Si no se educa a los niños con vocación de humanidad, solidaridad y generosidad hacia los demás, esta sociedad está abocada al fracaso primero y a la autodestrucción después, por esto han de ponerse los remedios necesarios para evitar la gran catástrofe.

El fracaso como tal ya lo está cosechando la propia sociedad, pues yo pienso que no habrá conciencias de hombres de bien, si se sienten cómodos aunque tengan mucho dinero unos y aunque tengan grandes salarios otros, mientras en Somalia, Burundi, Ruanda, Etiopía, Laos, Sierra Leona o en la Conchinchina los niños se estén muriendo de hambre.

Supongo que ni los unos ni los otros se sentirán cómodos, ya que de lo contrario no tendrán en sus corazones ese valor del que tanto alardean, como es la solidaridad.

Por todo esto y como creo que la alta sociedad actual, salvo excepciones, ya está bastante viciada por el materialismo, creo que nuestra redención, o al menos la redención de sociedades venideras, está en una buena educación de niños y de jóvenes; mas no me estoy refiriendo a que a estas nuevas generaciones se les enseñe mejor o peor a hablar inglés, o matemáticas o que aprendan a manejar mejor el ordenador, ya que, por interesante que esto sea, a lo que me estoy refiriendo es a que pocos temas en el mundo son tan importantes como el de una buena educación, pues de los medios que se le dediquen y del sentido que se le dé a ésta, depende en gran medida el futuro del hombre y del mundo

De la educación depende en gran medida la posibilidad de una sociedad más avanzada, más justa y más humana De la educación depende un mundo más cómodo y racional y de la educación depende la convivencia, la tolerancia y la solidaridad entre los hombres.

El sistema de cosas actual no les interesa de ninguna manera a nuestros descendientes. Mala herencia les dejamos si no conseguimos dejarles algo mejor.

Nuestra sociedad se asemeja bastante a la selva, en donde los animales grandes y carroñeros viven a costa de destrozar a los animales más pequeños e indefensos. ¿Acaso no se ha dado cuenta nadie de que es tal el egoísmo y la egolatría del ser humano que ni siquiera se entera de las grandes necesidades del que tiene al lado?. El hombre civilizado, para considerarse como tal, deberá demostrarlo con sus propias obras La humanidad es un mosaico en donde resplandecerán más sus esmaltes, sus barnices, sus piedras, sus vidrios, su mármol y su alfarería según la calidad de éstas Si el artista pone mala calidad en los materiales porque está más pendiente de ganar dinero que de concluir una gran obra, habrá fracasado. Si el capitalista sólo está pendiente de ganar dinero con su dinero, sin preocuparse de que otros se beneficien también de su inversión, habrá fracasado Si el profesional está más pendiente de ganar dinero con su profesión que de sanar enfermos, hacer juicios justos, o construir puentes sólidos, el médico, el juez, y el arquitecto habrán fracasado y si el político está más pendiente de ganar dinero que de tomar decisiones que beneficien al conjunto de la sociedad, habrá fracasado.

Por esto es tan necesaria y beneficiosa una buena educación. Una educación en donde desde muy niños se inculcara el amor por los demás y en donde el niño viera que su total realización como hombre, radicará en su más alto grado de integridad y solidaridad. Decía Friedmann que "el hombre debe estar por encima de sus propias obras"

Por tanto, es bueno que se haya avanzado en la enseñanza tradicional Los resultados serán más beneficiosos que si estuviéramos en una sociedad de analfabetos, mas ésta no es toda la cuestión La cuestión que el autor de este libro plantea no es el que cada año vayan más universitarios a las universidades Para mí la cuestión radica en que, con ser bueno esto, lo que le interesa a la sociedad, es el que estos universitarios vayan cambiando en su visión en cuanto al concepto de las cosas

La UNESCO tiene que preparar a infinidad de profesores, para que además de enseñar a los niños las cuestiones más elementales como matemáticas, física y química, les enseñaran que esto que han aprendido lo deben aplicar para que se beneficien sus semejantes y no para enriquecerse investigando, como hacer cualquier clase de armas que lleven la tragedia a cualquier punto del planeta, si no son para destruir el planeta

F.A.O.

Esta es una Organización de las Naciones Unidas fundada en 1945, siendo la mayor agencia especializada cuya sede se encuentra en Roma (Italia). Sus objetivos principales son: aumentar los niveles de nutrición, mejorar la producción y distribución de alimentos incluyendo productos agrícolas pesqueros y mejorar las condiciones de vida de los habitantes de las zonas rurales

Las labores de la Organización se enfocan básicamente en cuatro áreas. Primera. promover programas de asesoría y cooperación técnica a los agricultores, en nombre de los gobiernos y agencias de desarrollo Segunda reunir, analizar y difundir información Tercera: asesorar a los gobiernos en áreas de planificación y política agrícola Cuarta servir como foro de encuentro y discusión de los estados miembros en temas relacionados con la agricultura y la alimentación

Entre sus múltiples actividades, la F A O colabora en el fortalecimiento de instituciones locales, apoya investigaciones destinadas a mejorar la producción agrícola, proporciona técnicas en el uso de fertilizantes, así como para la conservación de suelos y la reforestación, además de ofrecer capacitación en el manejo del agua.

La producción de cereales es otra de sus áreas, así como el control y la preservación de la flora.

En el sector pesquero, realiza actividades vinculadas con la planificación del comercio y consumo de estos productos.

También cuenta con programas relacionados con la reforestación. En este marco estableció un plan de acción a través del cual proporciona asistencia para mejorar las condiciones de vida de los pueblos rurales de los trópicos, así como para incrementar la producción de alimentos, asegurar el uso sostenible de las selvas y el uso eficaz de la madera como combustible. (Teoría y solo teoría).(El autor).

La Conferencia, órgano principal de la Organización, está integrada por la Asamblea con 160 miembros. Está dos años para evaluar el estado de la agricultura y de la alimentación en el mundo y para aprobar el programa de trabajo y el presupuesto de la Organización para el siguiente bienio. La Conferencia elige como órgano de gobierno al Consejo, integrado por 49 miembros por un término de 3 años, el cual informa a los cuatro comités especializados: productos básicos, pesca, bosques, agricultura y seguridad alimentaria. Desde su creación se han establecido también diversas entidades con fines específicos como el de impulsar la cooperación geográfica. Además la F.A.O. trabaja con otras Agencias y Organos del sistema como la Organización Mundial de la Salud, la O.I.E.A. y el G.A.T.

Además la F.A.O. patrocina diversos eventos especializados sobre temas de su competencia. En 1984 organizó la Conferencia Mundial de Pesca y en 1992 conjuntamente con la Organización Mundial de la Salud y la Conferencia Mundial de Nutrición. En su seno se han discutido y acordado iniciativas como el Entendimiento sobre Recursos Genéticos y el Código de Conducta sobre Pesticidas.

El autor acepta todo el organigrama que desarrolla la F.A.O., pero con lo que no está de acuerdo es: Primero, si uno de sus objetivos es aumentar los niveles de nutrición, ¿cómo es que no es capaz de conseguir paralizar el chorreo constante y permanente, de que cada diez minutos muera un niño de hambre o de las secuelas que deja el hambre?. Segundo, si otro de los objetivos es la producción de alimentos agrícolas y pesqueros, ¿cómo es que cada año, prohiben en ciertas zonas la producción de cereales, vinos, e incluso se pesca una tercera parte menos que en décadas anteriores?. Tercero, si otra de las mejoras a conseguir por parte de esta Organización es la reforestación, se están luciendo, ya que cada vez y a gran velocidad el planeta se está desertizando. Si esto es así ¿qué clase de informe harán los comités especializados de bosques, de pesca, de agricultura y de alimentación cuando se reúnan los 49 miembros del Consejo para deliberar de los beneficios obtenidos por esa agencia de la O.N.U. que se llama F.A.O.?

MAS AGENCIAS DE LAS NACIONES UNIDAS

También las Naciones Unidas tienen dentro de su propio seno, organizaciones como: Desarrollo Industrial (ONUDI), Fondo para el Desarrollo Agrícola (FIDA), Programa Mundial de Alimentos (PMA), Organización Integral del Trabajo (OIT), Unión Internacional de Telecomunicaciones (UIT), Consejo Mundial de Alimentación (CMA), Unión Postal Universal (UPU), Organismo Internacional de Energía Atómica (OIEA), Organización Meteorológica Mundial (OMM), Organización Marítima Internacional (OMI), Organización Mundial de la Propiedad Intelectual (OMPI), Organización de Aviación Civil Internacional (OACI), Banco Mundial (BM), Banco Internacional de Reconstrucción y Fomento (AIF), Corporación Financiera Internacional (CFI), Organismo Multilateral de Garantía de Inversiones (OMGI), Fondo Monetario Internacional (FMI), Acuerdo General de Aranceles y Comercio (GAT), Oficina del Alto Comisionado de las Naciones Unidas para Refugiados (ACNUR), Conferencia de las Naciones Unidas sobre Comercio y Desarrollo (UNCTAD), Programa de Naciones Unidas para el Desarrollo (PMUD), Fondo de las Naciones Unidas para Población (FNUAP), Instituto de Naciones Unidas para el Medio

Ambiente (EMUMA), Instituto de las Naciones Unidas para la Formación Profesional y la Investigación (UNITAR), Universidad de las Naciones Unidas (UNU), Centro de las Naciones Unidas para los Asentamientos Humanos (ABITAT), etc.

El autor cree que es demasiado largo el lazo, para que pueda apretar con justeza y eficacia todo este conglomerado, que si no cuenta con la buena voluntad de todos los países, será muy difícil el que pueda existir una buena coordinación, que desemboque en una operatividad para beneficio de todas las naciones y en especial para los más necesitados.

Como he comentado antes, la F.A.O. en 1984 organizó la Conferencia Mundial de Pesca ¿para qué?, ¿para que en un corto período de tiempo se fuera al traste la tercera potencia en pesca que ha sido España, con todo lo que esto representa para este país y sus pescadores?.

Esta misma Organización en 1992 conjuntamente con la O.M.S. hicieron la Conferencia Mundial de Nutrición. ¿Esta Conferencia ha servido para algo?.

En el mundo hay 650 millones de personas pasando hambre, con el lastre de 500 millones más en estado de pobreza. Gambia, Namibia, Mauritania, Uganda, Burundi, Camboya, Laos, Pakistán, Afganistán, Etiopía, Somalia, Camerún, Sierra Leona y Liberia son naciones cementerios. Algo hace la Organización Mundial de la Salud en cuanto a evitar enfermedades, y esto como ya se ha comentado es digno de elogio y agradecimiento, mas en cuanto a lo que se refiere a alimentar a los hambrientos, la F.A.O. ha fracasado totalmente.

ONUDI: ONUDI es un Órgano creado para el desarrollo industrial, el cual no se ha desarrollado demasiado, ya que aquí en España el 60% largo de empresas medianas y pequeñas ha desaparecido, y las pocas empresas grandes que quedan, todas están con problemas.

Como no sea que crezca de alguna manera la industria de armamentos, la demás industria en España no se le ha visto el desarrollo por ninguna parte

FIDA: Esta Organización que es para el Desarrollo Agrícola fue recomendada en el año 1974, con el fin de movilizar recursos adicionales para los países en vías de desarrollo, mas no se tienen noticias de que esencialmente se haya experimentado progreso alguno en estos países del Tercer Mundo, y en cuanto en España la agricultura se ha observado que está dejando mucho que desear.

PMA: El Programa Mundial de Alimentos establecido en 1961, tiene como principal objetivo brindar asistencia alimentaria a los países de bajos ingresos, con déficit alimentario, así como a aquéllos que se enfrentan a situaciones de emergencia motivados por desastres naturales o de otra índole.

La intención es muy loable, mas después, al querer llevar esto a la práctica, la mitad se queda en el camino por diversas causas.

OIT: La OIT, Organización Internacional del Trabajo, fue creada en 1919 como un organismo autónomo vinculado con la Sociedad de Naciones (hoy Naciones Unidas). En 1946 pasó a ser el primer Organismo especializado de las Naciones Unidas. Está integrada por 153 miembros, los cuales se reúnen anualmente en la Conferencia Internacional del Trabajo. Con todo su rango de Organismo Autónomo ha sido incapaz de organizar con armonía la mecanización de trabajos rudos en los países del Tercer Mundo.

El Consejo de Administración se reúne tres veces al año, y está integrado por 28 representantes de gobierno, 14 representantes del sector laboral y 14 del sector empleador. Cabe señalar que 10 de los puestos gubernamentales están reservados para los estados de mayor importancia industrial: China, Francia, Alemania, Brasil, India, Italia, Japón, Rusia, Reino Unido y Estados Unidos.

(Señores mandatarios de las Naciones Unidas: ¿cómo habiendo tierras más que suficientes para cultivar, brazos más que suficientes para cultivar esas tierras, puede haber gente parada? Y si esas tierras producen patatas, trigo, arroz, vino, hortalizas, con los beneficios de esas cosechas habrá para pagarle a los obreros y con lo producido se habrá mitigado el hambre ¿Entonces? ¿Por qué se ha de centrar toda actividad obrera en la industria, abandonándose a su suerte a la agricultura, siendo ésta, la agricultura la madre que sustenta a seis mil millones de almas? Es de mentes poco esclarecidas el ignorar esta realidad. Presten ustedes más atención a la agricultura del mundo y habrá menos parados y probablemente acabaremos con el hambre. Industria y servicios naturalmente, los que sean necesarios, pero como elementos esenciales hay que fomentar la agricultura y la ganadería en todas sus vertientes, para que la economía de los países no pase por tantos sobresaltos. La OIT, ¿para que sirve la OIT si no cumple lo cometido? El trabajo, bien ineludible para todo hombre responsable, parece ser que, por causas varias, no existe en la medida de las necesidades.

En unos países menos, en otros exageradamente, lo cierto es que el problema del trabajo para todos o casi para todos es algo que los hombres responsables, los hombres que dirigen los designios de las naciones son incapaces de solucionar.

Parece ser que los expertos, al menos aquí en España, no ven otra solución para solucionar el problema del paro que repartir el trabajo, rebajando a 36 horas a la semana la jornada laboral, rebajando proporcionalmente los salarios unas 15.000 pesetas al mes. Ustedes actúan como si los trabajadores ganaran salarios que les sobrara tanto como para rebajarles tal cantidad. ¿Todo eso es lo que discurren los cerebros grises españoles?. ¡Pues sí que estaremos apañados si esa idea prospera! ¿Para qué tanto robot?. ¡Fuera todo aquello que vaya en detrimento del hombre de la clase trabajadora y de las gentes más desfavorecidas!).

CMA: recomendado en la Conferencia Mundial de Alimentación, la Asamblea General creo en 1974 el CMA con el propósito de contar con un foro capaz de ejercer influencia política sobre los gobiernos, para apoyar políticas y programas tendentes a aliviar el hambre mundial y mejorar la alimentación

UIT También la O N U tiene una Organización para la Telecomunicación; ésta se creó en el año 1865 en París (Francia) En 1934 se le llamaba Unión Internacional de

Telecomunicaciones, para adaptarse después en 1947, a ser un Organismo especializado de las Naciones Unidas con el mandato de fomentar la cooperación mundial en el mejoramiento y uso racional de las Telecomunicaciones. Esta Organización, cuya sede está hoy en Ginebra (Suiza) cuenta con 164 miembros y sus principales objetivos son: evitar la interferencia entre estaciones de radio de diferentes países al asignar y registrar los espectros de radiofrecuencia, fomentar el crecimiento y mejoramiento de telecomunicaciones en países en desarrollo, promover medidas de seguridad, emprender programas de investigación, emitir recomendaciones y opiniones y recuperar y publicar información para beneficio de sus miembros entre otras cosas.

UPU: La Unión General Postal ya existía en 1874 por el Tratado de Berna, iniciándose en el año 1875. En 1978 cambió su denominación por la de Unión Postal Universal, habiéndose convertido en organismo de la O.N.U. en 1948. El Congreso, órgano principal de la Unión Postal Universal, integrado por 168 estados miembros, se reúne cada cinco años para revisar sus planes y programas de trabajo. También esta Organización tiene un sinfín de cometidos todos ellos tendentes a simplificar el movimiento gigante que representa la universalidad postal.

OIEA: Este organismo que se creó en 1956 aprobó el Estatuto del Organismo Internacional de Energía Atómica, habiendo iniciado formalmente sus labores en el año 1957 en Viena (Austria), donde está su sede actual. En estos momentos integran el organismo 113 Estados miembros, los cuales se reúnen anualmente en una Conferencia General. El cuerpo directivo del Organismo lo constituye la Junta de Gobernadores, integrada por 35 miembros que se encargan de aprobar acuerdos, establecer normas de seguridad y adoptar proyectos.

De conformidad con su Estatuto, la OIEA tiene dos grandes objetivos principales que son, acelerar y aumentar la contribución de la energía atómica para la paz, la salud y el bienestar, asegurando que la cooperación que preste no contribuya a fines militares

Este Organismo fomenta el desarrollo de energía atómica y el uso de radioisótopos en la medicina, en la agricultura, en la hidrología y en la industria, organiza cursos y conferencias técnicas, otorga becas y publica información sobre energía nuclear La OIEA se encarga de establecer normas de seguridad aplicando salvaguardas destinadas a asegurar que tanto los equipos como los materiales nucleares sean creados sólo con fines pacíficos

OMM La Organización Meteorológica Mundial fue creada en 1873. Se convirtió en Organismo especializado de las Naciones Unidas en 1951. Tiene su sede en Ginebra (Suiza) El Congreso Meteorológico Mundial es el Órgano supremo de la Organización y está integrado por 161 estados miembros.

Se reúne cada 4 años para aprobar resoluciones, programas de trabajo y analizar su propia situación financiera. Los propósitos de la OMM son: facilitar la cooperación internacional en servicios meteorológicos, fomentar el pronto intercambio de información entre los países miembros, crear normas de observación meteorológica, publicar estadísticas y promover el uso de la meteorología en áreas como las de aviación , embarques, problemas de agua y agricultura.

En Ginebra, la Organización auspició en 1979, la Conferencia Mundial sobre el clima en la que se analizaron las posibilidades de mejorar el conocimiento sobre la variabilidad natural del clima y los efectos de cambios climáticos debido a causas naturales o a actividades humanas. La Organización también trabaja en proyectos dedicados a mejorar la producción de alimentos en desarrollo

OMI La OMI es una Organización Marítima Internacional creada en 1958 En 1982 adquirió su nombre actual. Son 135 Estados miembros los que integran la OMI mas dos miembros asociados que son Hong Kong y Macao Esta Organización fue creada con el objeto de promover la cooperación entre los gobiernos sobre asuntos técnicos de transporte marítimo internacional Entre sus múltiples actividades la OMI se encarga de establecer normas en áreas de seguridad marítima, eficiencia en la navegación y prevención de contaminación marítima entre otras muchas obligaciones de menor rango.

BM: El Banco Mundial es un Organismo multilateral de financiamiento, integrado por cuatro instituciones estrechamente vinculadas que son: el Banco Internacional de Reconstrucción y Fomento (BIRF), la Corporación Financiera Internacional (CFI), la Asociación Internacional de Fomento (AIF) y el Organismo Multilateral de Garantías de Inversiones (ONGI). Las 4 instituciones comparten el objetivo de mejorar los niveles de vida de los países en desarrollo a través de la canalización de recursos financieros que provienen de los países más desarrollados.

El Banco Mundial es una de las principales fuentes de asistencia a los países en desarrollo: financia proyectos en diversos campos como la construcción de carreteras y de plantas generadoras de energía, la instalación de sistemas de irrigación y realiza también importantes actividades en los sectores agrícolas y de alimentación. Otorga particular importancia a proyectos destinados a regiones pobres en las que se incluye a la población como participante activo en el proceso de desarrollo, así mismo el Banco brinda asistencia técnica y asesora a los gobiernos en sectores particulares, como distribución del ingreso, pobreza rural, desempleo, crecimiento poblacional, urbanización y problemas ambientales.

El Banco dirige también programas de investigación en varias áreas relacionadas con el desarrollo como la planificación económica y los servicios públicos. Coordina así mismo, la asistencia de diversas fuentes a países en desarrollo a la vez que trabaja de manera estrecha con otras agencias intergubernamentales.

El Banco Internacional de Reconstrucción y Fomento, fue establecido en el año 1944 por la Conferencia Financiera y Monetaria de Naciones Unidas Este Banco tuvo como objetivo primordial iniciar y promover el flujo de capitales internacionales a proyectos productivos, destinados a la reconstrucción de las naciones devastadas por la II Guerra Mundial.

La Asociación Internacional de Fomento fue creada en 1960 con el propósito de otorgar el mismo tipo de asistencia financiera que el Banco Internacional de Reconstrucción y Fomento, pero en condiciones de ciertas preferencias.

Las tareas de la Asociación se orientan a proporcionar asistencia a los países menos adelantados cuyos ingresos per-capita anual sean menores a los 731$; apoya también a los países con problemas en balanzas de pago, aunque en estos casos se valora su estabilidad económica, financiera y política.

La Corporación Financiera Internacional, que fue establecida en el año 1956 para proporcionar asistencia a los países en desarrollo, tiene personalidad jurídica propia mas con recursos separados A diferencia de los créditos otorgados por el BIRF y la CFI, esta Corporación no exige la garantía de los gobiernos respectivos. Y el Organismo Multilateral de Garantía de Inversiones que fue establecido en 1988 es un filial del Banco Mundial y tiene como propósito principal promover las inversiones privadas en los países en desarrollo a través de garantías a los inversionistas extranjeros por pérdidas o riesgos no comerciales, como nacionalizaciones o conflictos armados. También brinda este Organismo, asesoría a los gobiernos sobre mecanismos para atraer inversión extranjera. (Lo que acabo de relatar con respecto al BM, excepto la ayuda que se presto a los países derrotados de la II Guerra Mundial, todo lo demás es pura demagogia. "El Autor").

FMI: El Fondo Monetario Internacional fue creado en la Conferencia de Bretton Woods en 1944. Actualmente participan 155 países que se reúnen anualmente en la Junta de Gobernadores. El Organo encargado de las operaciones es la Junta Ejecutiva integrada por 22 miembros y presidida por un director-gerente.

Los objetivos principales del Fondo Monetario Internacional son promover la cooperación monetaria internacional, así como el comercio entre sus países miembros, apoyar la estabilización de los tipos de cambios, establecer un sistema multilateral de pagos y la eliminación de restricciones en el mercado de divisas. Así mismo, proporciona recursos financieros a los países miembros para corregir los desajustes en sus balanzas de pago

UNICEF La primera Asamblea General de las Naciones Unidas celebrada en 1946, creó el Fondo Internacional de Emergencia de las Naciones Unidas para la Infancia, con el fin de atender las necesidades más urgentes en cuanto a alimentos y medicinas para los niños afectados por la guerra en Europa y Asia En 1950, la Asamblea General decidió cambiar el mandato del Fondo para que proporcionara también ayuda a los niños en los países en desarrollo. El UNICEF tiene una Junta Ejecutiva que esta integrada por 41 países elegidos por un período de tres años Esta Junta Ejecutiva se reúne anualmente con el fin de revisar las políticas de los países y su administración financiera, así como del personal del Fondo. UNICEF, cuenta con una red de 121 oficinas en distintos países en su gran mayoría países en desarrollo

La Asamblea General proclamó 1979 como el "Año Internacional del Niño", designando a UNICEF el Organismo responsable de coordinar las actividades del Año De esta manera la UNICEF asumió la responsabilidad de señalar a la atención mundial las necesidades y problemas más comunes de los niños, tanto de los países pobres como de los países desarrollados.

En 1989 la Asamblea General adoptó la Convención de los Derechos del Niño. Durante todo el proceso de elaboración que se prolongó durante 10 años, UNICEF desarrolló una intensa actividad a todos los niveles en favor de los derechos del menor; asimismo, en 1990, con el patrocinio de los jefes de Estado o de Gobierno de Canadá, Egipto, Malí, México, Pakistán y Suecia, se promovió la celebración de una Cumbre Mundial en favor de los Derechos de la Infancia, en la cual participaron 73 mandatarios, los cuales firmaron una Declaración Mundial sobre la Supervivencia, la Protección y el Desarrollo del Niño, adoptando un plan de Acción para la aplicación de la Declaración.

La Asamblea General de las Naciones Unidas, solicitó de UNICEF que colabore en todo lo que esté relacionado con el desarrollo y mejoramiento de los servicios comunitarios dirigidos a mejorar la salud materno-infantil, así como nutrición, agua potable y saneamiento en zonas tanto urbanas como rurales. UNICEF es otro de los Organismos del Sistema de las Naciones Unidas que ha sido reconocido por la comunidad internacional con el Premio Nobel de la Paz. Al concedérsele este premio se reconoció el hecho de que el ¿bienestar? de los niños de hoy podía estar muy relacionado con la paz en el mundo del mañana.

Cree el autor que este Organismo, que tan buenos propósitos lleva, no llegaría demasiado lejos si no fuera por la colaboración voluntaria de las gentes del pueblo. La intención de esta Organización es buena, ayudar a los niños del mundo es algo sublime. Pero, ¿por qué no son los gobiernos los que se encargan con ese Fondo Internacional de Emergencia para cubrir todas y cada una de las necesidades de estos niños?. Pienso que en esta Organización pasa como en la mayoría de las Organizaciones y Agencias de las Naciones Unidas en donde hay mejor voluntad que hechos literales. (Piensa el autor que a UNICEF con lo que le debieron premiar es con el Premio a la Buena Voluntad).

UNITAR: En el año 1965 inició sus actividades el Instituto de las Naciones Unidas para la Formación Profesional y la Investigación, como si fuera una dependencia autónoma dentro de las Naciones Unidas. Tiene su sede en Nueva York Cuenta con un Consejo Ejecutivo integrado por 30 personas, designadas por el Secretario General.

El Instituto tiene como propósito principal, promover la eficacia de las Naciones Unidas en el logro de los principales objetivos de la O.N.U., en especial el mantenimiento de la paz y la seguridad internacionales, así como el desarrollo económico y social. Para tal fin UNITAR proporciona capacitación en áreas de cooperación internacional, derecho internacional, negociaciones y diplomacia multilateral para los miembros de las Misiones Permanentes ante las Naciones Unidas y funcionarios nacionales de los Estados miembros, así como entrenamiento y desarrollo de la administración financiera.

Las Organizaciones: BIRF, AIF, CFI, OMGI, FMI, GATT, ACNUR, UNCTAD, PNUB, FNUAP, PNUMA, UNITAR, UNU, ABITAT, CDI, CONFEMAR, CNUDMI, ECOSOC, OIT Y OACI, unas un poco más y otras un poco menos, creo profundamente que no son activos determinantes para el mejor bienestar de la sociedad en su conjunto, si bien es cierto que con su buena voluntad para algo están sirviendo.

A mí personalmente, después de haber razonado sobre las agencias que tiene la ONU, me da la impresión de que le falta una que debería de llamarse Agencia para la Regularización de Salarios y una mejor: Redistribución de la Riqueza en el mundo, (ARSRR). Esta sería una medida muy aplaudida por muchas personas que no tienen ni siquiera lo más elemental; igualmente lo aplaudirían infinidad de trabajadores con sueldos vergonzantes. Esta Agencia se debería encargar fundamentalmente de que disminuyeran esos 1.200 millones de seres que sobreviven por debajo de los niveles básicos de la subsistencia humana. ¡Con tantas "Agencias" en las Naciones Unidas y la pobreza aumentando!. Cada vez hay más diferencias entre ricos y pobres. Una quinta parte de la población mundial vive en una situación diaria de postración. Hay necesidades básicas de alimentación, salud, educación y vivienda que no son debidamente atendidas por ninguna de estas Agencias.

Por otro lado existen 17 millones de refugiados que no tienen ni siquiera para lo más elemental, y otros 20 millones de personas desplazadas, emigrantes dentro y fuera de sus fronteras y a través de ellas. Estos 37 millones de seres se traducen en enfermedades, hambre, opresión y desesperación, siendo a la vez fuente y consecuencia de conflictos que exigen una atención permanente con una mayor prioridad en la agenda de las Naciones Unidas. Yo pienso que hoy el problema de más dimensión aparte del terrorismo es la dramática situación de la pobreza. El hecho de que a finales del siglo XX mueran 40 000 niños diariamente, a consecuencia de la miseria, la desnutrición y las enfermedades motivadas por el hambre, creo que es lo suficientemente ilustrativo como para darse cuenta del egoísmo y la insolidaridad humana.

En los reacomodos políticos, económicos y sociales que hoy presenta la humanidad, las Naciones Unidas están llamadas a desempeñar un papel fundamental. Yo, hoy más que nunca, estoy convencido de que han de ser las autoridades de las Naciones Unidas, las que marquen un camino de justicia tanto en lo económico como en lo social para que las capas sociales, y el proletariado se beneficien de todo el progreso mecánico e informático Hoy son las Naciones Unidas las que tienen que ofrecer y las que tienen que dar, que no esperen que nadie se los pida, ya que aquel bloque histórico del que nos habla Garaudi, de clase obrera, homogénea, identificable, objetiva y subjetivamente, coherente y capaz de desempeñar un papel histórico, esa clase ya no existe. A mí personalmente me preocupa mucho, que los ciudadanos den por sentado este status injusto e inmoral, en donde los unos tienen mucho y lo derrochan, mientras que los otros no pueden cubrir las necesidades más acuciantes.

Hay que pensar que pasaron los tiempos de la revolución. Los viejos esquemas ya no se corresponden con nuestra época, actual La última revolución fue la del mayo del 68. Y ¿qué solucionó aquella revolución?. Nada. ¡Absolutamente nada!. Por tanto, yo pienso que a base de modificar y reformar todo lo que represente injusticia, las Naciones Unidas están en una muy buena disposición para, desde su papel de moderadora, al igual que trata de conseguir la seguridad y la paz mundial, sea para ellas, -para las Naciones Unidas- la justicia social y la solidaridad un problema de orden prioritario.

Pero esto debe hacerse, si se puede ya, sin que nadie fuerce con violencia a quien ha de ejercer justicia, pero de todas maneras ésta debe hacerse.

Las Naciones Unidas, una vez superados los enfrentamiento entre las grandes potencias y una vez concluida la guerra fría entre Oriente y Occidente, a la vez que sofoca y trata de sofocar algunos problemas locales, su obligación es enfocar sus esfuerzos hacia la suprema obra de acabar con el hambre en el mundo Deben las Naciones Unidas luchar contra todos los egoísmos y contra los insolidarios, con leyes que nos hagan enorgullecernos de pertenecer a esta civilización de finales de siglo. Si no se hace esto así, ni sirven las Naciones Unidas ni sirve esta sociedad en que vivimos. Un mundo con posibilidades y que por intereses no responda a lo que debiera ser un mundo sin problemas al menos económicos, está abocado al fracaso y al desencanto.

Yo pienso que los años de crisis, los años difíciles del mundo y de las Naciones Unidas son cosas del pasado. Hoy, conque éstas se preocupen del medio ambiente, de la contaminación y de saciar el hambre de todos los necesitados, será suficiente para que en un futuro no lejano, se pueda decir que hemos conseguido erradicar la miseria y la injusticia del planeta.

A pesar de todo también habrá que seguir estando vigilantes para no caer en la indolencia respecto a la paz y seguridad del mundo, teniendo en cuenta pactos y alianzas que pudieran representar algún peligro y roces y fricciones que se están dando en varios puntos del planeta cada día con más frecuencia.

LAS COMPLICACIONES DE LAS NACIONES UNIDAS PARA CONSEGUIR LA PAZ

Las Naciones Unidas han contribuido, salvo en raras excepciones, a la paz y seguridad mundial con mucho riesgo en algunos momentos. Trás el lanzamiento y explosión de las primeras bombas atómicas en Hiroshima y Nagassaki, los estrategas de diversos países se sintieron inmediatamente preocupados, por saber si se podría utilizar ese nuevo tipo de armamento en el marco de la guerra clásica. Rápidamente y desde un punto de vista técnico, llegaron al convencimiento de que ello era absolutamente impensable e imposible, ya que se trataba de un tipo de armamento que obligaba a pensar la guerra de un modo diferente a como se había hecho hasta entonces Los primeros instantes de una guerra con bombas atómicas aún podrían ser humanamente previsibles, pero no ocurriría lo mismo con los momentos o fases posteriores.

Ningún Estado Mayor ni ningún Gobierno, eran capaces de imaginarlos. Pasaron algunos años hasta llegar a la conclusión de que la bomba atómica solamente serviría para mantener un determinado equilibrio que precisamente evitara una gran conflagración bélica. Esto sería lo que se daría en llamar la teoría de la disuasión mutua, mas, a pesar de todo, la bomba atómica había sido pensada como un arma estratégica.

Las primeras unidades obtenidas eran muy voluminosas y pesadas, y para transportarlas no podía emplearse otro medio que el avión.

Era la primera fase histórica de la era nuclear. Dentro de las Naciones Unidas se discutía, y se discutía con cierto temor, ya que el objetivo en principio consistía en disuadir a la Unión Soviética, de lanzarse a la invasión de Europa Occidental, cuestión ésta que en 1950 parecía iba a ser un acontecimiento inminente.

Se tiene la creencia, -y el autor piensa que con grandes dosis de verosimilitud-, que la disuasión la ejercieron los bombarderos del Mando Aéreo Estratégico de Estado Unidos con base en el continente europeo, Islas Británicas, Norte de Africa y en el propio territorio de los Estados Unidos.

El problema más inquietante de aquellos momentos consistía en prevenir un ataque por sorpresa del tipo realizado por los japoneses en Pearl Harbour, por parte de la Unión Soviética, con el gran dilema de que ahora el ataque sería atómico, destruyendo todos los aparatos situados en tierra antes de su entrada en acción.

Para evitar este ataque por parte de los rusos, los Estados Unidos de América pusieron en circulación cierto número de aviones B-47, que se mantenían continuamente en vuelo con bombas atómicas y con objetivos prefijados de antemano. Esto, a su vez entrañaba el peligro extraordinario, del desencadenamiento de un conflicto por error humano a cualquiera de los niveles en los que se podía tomar la responsabilidad de un ataque: pilotos de aviones, jefes de operaciones de las bases del Mando Aéreo Estratégico, redes de alerta, etc.

Sin embargo, en 1952 esta situación se agravó precisamente por los progresos realizados en el campo de la miniaturización de las armas nucleares, siendo paradójicamente los militares los que reclamaron la aplicación directa de la bomba atómica en el campo de batalla. El hecho que pareció por entonces evidente y que lo ha continuado siendo hasta hace muy pocos años fue que, en una hipotética confrontación europea, no se podría detener la ofensiva de las muy adiestradas y equipadas divisiones soviéticas sin recurrir a las armas atómicas. Para entonces ya habían nacido las armas nucleares tácticas; bombas para la aviación de caza bombardero, cohetes como el Honest John, misiles como el Corporal y el Redstone y cañones como el 280 MM estadounidense, capaz de disparar un proyectil convencional de gran potencia explosiva, o un proyectil nuclear de potencia reducida.

Ya que los estudios y experiencias realizados revelaron, que tanto a nivel de campo de batalla como estratégicamente la bomba atómica había superado todas las teorías y cálculos realizados, los más fervorosos partidarios de su empleo, no sabían absolutamente nada sobre lo que podría suceder en una guerra nuclear más allá de las tres primeras jornadas. Después de estas 72 horas, nadie puede decir lo que pasaría en un mundo completamente dislocado, por la difícil coyuntura del momento

Durante los años 50, algunos militares habían abrigado la esperanza de que el choque entre los ejércitos de la NATO y el Pacto de Varsovia, podría mantenerse dentro del campo convencional, no atómico. Esta teoría tomaría cuerpo en la doctrina posterior de la Flexible Responde (Respuesta Flexible), vigente durante muchos años, en virtud de la cual las tropas estadounidenses destacadas en Europa, disponían de un arsenal muy variado de proyectiles atómicos, a fin de adecuar su utilización según la gravedad de la situación. Desde el Dany Crockett, -retirado ya de servicio-, que disparaba proyectiles de un kilotón = 1.000 toneladas de TNT o el Little John, de 5 kilotones, hasta las grandes cargas de centenares de kilotones, que tendrían que haber sido lanzadas por misiles como el Pershing o el Lance

Sin embargo, los resultados de los estudios realizados por muchos científicos y en especial por Sir Lolli Zuckerman principal consejero británico en la República Federal Alemana, en octubre de 1961 revelaron que no existía posibilidad alguna de que la población civil pudiera permanecer ajena a las consecuencias de un complot nuclear. Para corroborar este estudio, se fingió una confrontación ficticia entre tres cuerpos de ejército de la NATO, que debería contener a la ofensiva de tropas de la República Democrática Alemana y de la Unión Soviética, mediante el empleo de bombas de 15 a 20 kilotones Los comandantes de la NATO recurrieron preferentemente a los proyectiles de mayor potencia a fin de asegurar los resultados, siendo éstos catastróficos para los contendientes de ambos bandos; además de que en la confrontación murieron 3 millones y medio de civiles y otros 5 millones de ellos quedaron sin hogar afectados por las radiaciones nucleares.

Después del tercer día, el nivel de destrucción se hizo tan patente que fue imposible la continuación (siempre teórica) de la batalla.

Las Naciones Unidas estuvieron durante muchos años en una situación de emergencia por la creación de los dos bloques, por un lado la O.T.A.N., y por el otro, el Pacto de Varsovia.

La ascensión al poder del equipo de intelectuales del presidente Kennedy (John F Kennedy), implicó una importante innovación en el campo de la estrategia nuclear: La creación de la Indestructible Second Strite Force (Fuerza Segunda de Disuasión Indestructible) Con esta expresión se denomina a los misiles de largo alcance intercontinentales o lanzados desde submarinos de inmersión. Los primeros ICBM (Misil Atlas) habían entrado en servicio en el año 1957, pero estos misiles eran impulsados por propergol. El ICBM Titan introducía ya la novedad de permanecer enterrado en un lugar profundo, inexpugnable, hasta minutos antes de su lanzamiento en que debía ser izado a la superficie para proceder a la carga de propergol y al inmediato lanzamiento; después surgió el Minuteman, desarrollado a partir de 1962, en el cuál el uso de propergoles sólidos permitía que el disparo se efectuase desde la profundidad del silo. Con ello desapareció el riesgo de que un ataque realizado por los ICBM soviéticos sobre las bases de lanzamiento del territorio de Estados Unidos, destruyese los misiles antes de su lanzamiento, eliminando así la posibilidad de una represalia en la que precisamente y definitivamente reposaba la disuasión.

Simultáneamente a esto apareció el Polaris, primer misil de largo alcance que podía ser lanzado por un submarino sin necesidad de que éste aflorase a la superficie.

El programa desarrollado por el entonces Secretario de Defensa de Estados Unidos Robert MacNamara, permitió que en los diez años siguientes fueran desplegados mil ICBM Minuteman y 41 submarinos con 16 misiles Polaris, que con el tiempo fueron sustituidos por el Poseidon de mayor alcance constituyendo éstos la actual fuerza disuasoria de los Estados Unidos.

Con este programa se pretendía, no sólo contar con una fuerza de represalia indestructible, sino que así se eliminaba el doble riesgo de mantener una fuerza aérea destacada en continuados vuelos. Los grandes misiles ofrecían las ventajas de mayor alcance y precisión y la imposibilidad de interdicción.

La decisión de su lanzamiento sólo podría ser tomada por el presidente, a través del célebre maletín negro que desde entonces le acompaña siempre, no siendo este maletín nada más que un simple emisor que lanza una señal codificada sin cuya señal no puede funcionar ninguna cabeza de combate nuclear. El desencadenamiento de una guerra por error o locura de algún oscuro funcionario o piloto, quedaba así eliminado y tampoco era despreciable la supresión del riesgo de un cataclismo por vuelo permanente, aunque de hecho se conociese que al menos nueve de estos accidentes, se produjeron en territorio de Estados Unidos, uno en España y otro sobre la isla de Groenlandia en el transcurso de una década de años.

EL EQUILIBRIO DEL TERROR

El despliegue de misiles soviéticos se realizó con un ligero retraso respecto al de Estados Unidos. El gran esfuerzo para el nivel atómico estadounidense lo realizaron los soviéticos a partir de la crisis de los misiles rusos instalados en Cuba, cuando el presidente Kennedy exigió a Jruschov (premier soviético) el desmantelamiento de las bases de misiles soviéticos en la isla cubana. Corría el año 1962 y a partir de aquí, los rusos se sacrificaron hasta tal extremo que en 1972 quedaba consagrado el sistema de equilibrio entre ambos países, con la firma de los acuerdos SALT (Strategic Armaments Limitations Talks). Después, existieron conversaciones con relación a armamento estratégico, entre el presidente Richard Nixon y el secretario general del Partido Comunista Soviético Leónidas Brézhnev, para que no existiera ninguna superioridad cuantitativa de ninguno de los dos presuntos contendientes. Y aunque el campo de la investigación quedó exclusivamente abierto hacia la obtención de mayores precisiones, (como por ejemplo el aumento del número de ojivas nucleares en cada misil), esta situación de equilibrio bipolar no lo vieron bien ni Francia ni la República Popular China, mientras que Gran Bretaña permaneció fiel a los criterios de Estados Unidos.

A finales de 1973, Francia con sus 86 cabezas atómicas capaces de alcanzar objetivos a distancias comprendidas entre 2.500 y 3.500 kilómetros, y la República Popular China con un arsenal algo inferior pero en rápido desarrollo, aparecen como un intento de crear un nuevo equilibrio mundial, basado en la ampliación del poder de decisión más allá del estrecho marco de las dos grandes superpotencias. Esta doctrina ha sido resumida por los dirigentes militares franceses de la siguiente manera: una fuerza de disuasión secundaria, aliada de una de las dos principales fuerzas confrontadas, aumenta la incertidumbre del adversario común sobre las reacciones del enemigo. Esta incertidumbre, de una manera u otra, refuerza el efecto disuasorio.

Cuando se fundaron las Naciones Unidas se daba por seguro que los cinco países: China, Francia, la Unión Soviética, el Reino Unido y Estados Unidos seguirían siendo aliados en el tiempo para mantener la paz. Como esto no ha resultado ser así, es por esto que hay tantas cautelas y tantas precauciones cada vez que se plantea algún problema bélico.

La Unión Soviética a partir de la II Guerra Mundial ha sido el caballo de batalla de los occidentales, ya que su sistema de gobierno resultó ser muy distinto al de sus entonces aliados Esta nación había sufrido mucho durante la guerra y no tenía claro cómo encontrar la paz El método que eligió para ello fue el de ocupar grandes áreas en Europa del Este, estableciendo una zona de seguridad que la separara de Occidente.

La GRAN PARADOJA se dio en China, donde para poder vencer al Japón, tuvieron que unirse los dos partidos rivales, los nacionalistas y los comunistas bajo el liderazgo del general nacionalista Chiang Kai Tchehk El gobierno representado en el Consejo de Seguridad era el nacionalista de Chiang. En 1949 Chiang y su gobierno se retiraron forzados por los comunistas a la cercana isla de Taiwan, mientras que en la China continental se proclamaba un gobierno comunista. Hasta 1971 la China nacionalista que representaba a 14 millones de habitantes de Taiwan, conservaron su escaño en el Consejo de Seguridad, mientras que la China comunista con la población más grande del mundo (en aquel entonces 700 millones de habitantes) no estaba representada

HAY QUE REVISAR LA CARTA DE LA ONU

Hay que revisar la Carta de las Naciones Unidas y modificar algunos de sus artículos para tratar de evitar que tantas gentes mueran en conflictos locales

Más de ciento cincuenta guerras se han librado en el planeta desde que se terminó la II Guerra Mundial, con un saldo nada despreciable de 37 millones de muertos entre militares y civiles, y más de otros tantos entre heridos y refugiados. Esto es un precio demasiado caro en un mundo en donde se supone que todos deberíamos ser personas civilizadas, aunque en apariencia parece ser que no lo somos. Se habla tanto de solidaridad, de derechos humanos y de tolerancia que después de leer estas cifras uno se pregunta: ¿dónde están estos valores que no dan los resultados apetecidos?, ¿qué hemos aprendido, de tanta desgracia y de tanta violencia si todavía hoy aún se está combatiendo en varias áreas de la tierra?.

Las Naciones Unidas no se deberían conformar con evitar una guerra de grandes proporciones, ya que los pequeños conflictos también hacen mucho daño a los que se ven por una u otra causa inmersos con ellos. Debieran revisarse algunos puntos de la Carta, perfeccionándose hasta el extremo de evitar que hubiera una sola guerra, una sola confrontación. Desde 1945 hasta aquí hemos aprendido poco, ya que a pesar de aquella gran contienda, desde entonces no se ha dejado de guerrear ni un solo día. Las Naciones Unidas deberían dar conferencias a todas las naciones asociadas para tratar de convencerlas de que con la guerra no se beneficia nadie, además de que debería tener esta organización "las Naciones Unidas" autoridad suficiente para dialogar con los revoltosos que alteran el orden en nombre de no sé qué, en principio, justificable interés.

Esto lo harían las Naciones Unidas después de informarse bien, mediando a través del dialogo para tratar de solucionar pacíficamente contenciosos que parece que no tienen fácil solución: casos como Chechenia, Irlanda del Norte y Oriente Medio, teniendo muy en cuanta como decía al principio del libro, la idiosincrasia de cada país, con sus razas, para no estar mediando y sin pretenderlo desvirtuar todavía más la situación.

HAY QUE MEJORAR EL NIVEL DE VIDA

Si en cuanto a la paz y seguridad del mundo, las Naciones Unidas podrían estar bastante satisfechas (con reservas) de su misión, no sucede lo mismo con su compromiso y su promesa en cuanto a la cuestión económico-social.

En este punto, en este tema, las Naciones Unidas han fracasado. ¿Por qué?. Pues porque en la Carta de las Naciones Unidas, los miembros de éstas se comprometieron a promover todo lo necesario para conseguir un mejor nivel de vida, pero no solamente para los países desarrollados, sino también para los países del Tercer Mundo. Empleo para todos, con condiciones de progreso y desarrollo económico-social; La O.N.U. juraron buscar soluciones para resolver los problemas internacionales económicos, sociales y sanitarios, promoviendo el respeto universal a los derechos humanos y a la libertad, sin importar la raza, el sexo, el idioma o la religión.

El Consejo Económico y Social de las Naciones Unidas, ECOSOC es otro responsable de proporcionar ayudas a los países pobres. El trabajo de ECOSOC, de sus comités y agencias se podría resumir en una palabra: FRACASO. Vivimos en un mundo lleno de hirientes y vergonzantes desigualdades. La riqueza está concentrada principalmente en el mundo desarrollado conocido como el Norte: Norteamérica, Europa Occidental, los países productores de petróleo de Oriente Medio, Australia, Canadá y Japón.

En estos países la tercera parte de la población vive dentro de un relativo bienestar, mientras que las zonas más pobres que incluyen a Africa (en especial Africa Central), Sudamérica y Centroamérica, el Caribe y la península de Indochina, aquí las dos terceras partes de la población luchan continuamente contra la pobreza, el hambre, la ignorancia y las enfermedades.

Pobreza no significa únicamente no tener suficiente dinero para comprar todo lo que se necesita, sino que pobreza es el no tener bastante para conseguir lo más esencial, como comida, casa, tratamiento sanitario y educación. El primer objetivo del trabajo de ECOSOC y su red de organizaciones, al menos en teoría, consiste en aliviar el sufrimiento inmediato de la población de los países subdesarrollados, mientras que el segundo objetivo se centra en mejorar sus economías de forma que sean capaces de aumentar su nivel de vida con su propio esfuerzo. Ninguno de los dos objetivos han sido conseguidos.

Los problemas de los países subdesarrollados está claro derivan de distintas causas. Algunos de estos países se encuentran en zonas en donde el clima es imprevisible o el suelo extremadamente pobre, haciendo muy difícil su cultivo En otras áreas se repiten con frecuencia los desastres naturales como terremotos, inundaciones o sequías. Como ejemplo quiero poner Bangladesh, el cuál es enormemente pobre ya que está superpoblado y cada año se inundan miles y miles de hectáreas de terreno cultivable. Otras zonas tienen pocos recursos naturales para exportar, como contrapartida a los productos que necesitan importar del mundo desarrollado.

Después de la Segunda Guerra Mundial, algunos países subdesarrollados no estaban en condiciones ni siquiera de gobernarse a sí mismos. Las luchas internas por el poder y en muchos casos las guerras civiles, ahogaban el poco poder económico con el que contaban. En otros casos, las amenazas reales o imaginarias de los países limítrofes, les hicieron invertir gran cantidad de dinero en la compra de armas en detrimento de las primordiales necesidades como sanidad, educación, vivienda y agricultura.

Los ingresos de la mayoría de los países subdesarrollados dependen de la exportación de materias primas. Esto les hace vulnerables ante los cambios con los países ricos que pueden buscar otros mercados con precios más bajos, pudiéndoles también hacer más vulnerables por los cambios económicos decididos por el efecto de decisiones políticas de los países más desarrollados.

LOS POBRES DE LAS NACIONES UNIDAS

Los pobres de la Naciones Unidas, casi todos son pobres de nacimiento, desde niños y así son toda la vida hasta que llegan a la edad postrera. Estos pobres no tienen ninfas, ni diosas, que los eleven a las altas nubes de copos espumosos en donde Diana, Filis y Atenea celebran con ramos de olivo y música de arpas la llegada de la primavera. Estos pobres no han tenido la fortuna, ni siquiera la oportunidad, de vivir en una humilde morada. Son pobres sin más, viven según en qué países o en qué regiones en chozas, en chabolas de cartón o en cuevas. Cuando salen de éstas sus casas, salen sin rumbo, unos recorren las calles sin saber a dónde van, siempre con la mano tendida implorando la caridad pública, otros van a por leña por las laderas de rocosos bosques, para tener con que calentarse cuando hace frío y los más, van de camino de un lugar para otro durmiendo donde pueden.

Cuando llega la noche, su cama es la hierba o la tierra y su techo las estrellas. Comer es un lujo, para estas pobres gentes qué en lo material no tienen a nadie que les dé ni para un pedazo de pan y en lo sentimental, no tienen ni siquiera a un pariente lejano que derrame una sola lágrima, cuando uno de estos desgraciados aparece dormido para siempre, en la falda de un monte a causa de una helada, o en la cuneta de un puente, cuando el rió es desbordado por una tempestad.

Todos estos pobres a los que nadie presta atención, (salvo en raras excepciones) son gentes desarraigadas que ni los administradores les han prestado atención, ni la sociedad tampoco

También las Naciones Unidas tienen otros pobres, son los pobres de los países del Tercer Mundo que en la mayor parte de los casos no tienen ni siquiera un mendrugo de pan para echarse a la boca. Estas pobres gentes que vivían Dios sabe de qué, tienen que hacer un gran esfuerzo para salir adelante ellos y sus criaturas, estas mismas criaturas (que se acuestan sin cenar,) acurrucados los unos sobre los otros en torno a una hoguera que si no les alimenta, al menos les da calor, aliviándoles en las frías noches de invierno. Y también tienen los gobiernos de las naciones y de las Naciones Unidas, otros pobres que son los pobres de las prestaciones sociales· los enfermos, las viudas, los huérfanos y los jubilados de sueldo base, éstos son pobres que si no son pobres de solemnidad, no sería conveniente el perderles de vista. El autor a todo esto se pregunta: ¿Con tantos años como tiene el mundo y todavía no ha llegado nadie con amor y poder suficiente como para dulcificar tanta amargura?¿No hay nadie capaz en el mundo que suavice las injusticias?.

A todos estos pobres hay que ver la manera de ayudarles, para que dejen de gemir, para que dejen de llorar, para que se vean protegidos por personas como ellos que les quieren ayudar para que ellos, se puedan ir sintiendo liberados de la pobreza y de la miseria, para pasar a poder ser útiles a la sociedad y puedan sentirse personas realizadas y disponibles, para ser personas de provecho. Si entre todos pudiéramos hacer esto así, estas pobres gentes dejarían de ser errantes, indolentes e indigentes, en una palabra (aunque sea una palabra muy lastimosa) estas gentes dejarían de ser la miseria personificada

Unos podrían dedicarse a preparar panales para que las fructíferas abejas, produjeran esa gratificante masa pegajosa que tiene el poder de deleitarnos con su exquisito dulzor, otros se dedicarían a laborar la tierra sacando su provechoso fruto, una vez pasada la lluviosa primavera y comenzaran a granar las espigas cubriendo los campos de mares dorados y otros muchos de estos pobres ¿por qué no? podrían muy bien sacar provecho de los libros, primero aprendiendo para enseñar después, todo el deleite que se desprende de las letras de oro de los inmensos e inagotables manantiales de la sabiduría Estos pobres, que hoy su vida es gemir, con los brazos cruzados en un bravo gesto de resignación, esbozando una sonrisa amarga como queriendo demostrar con esa sonrisa, la envoltura de su miserable vida.

Las Naciones Unidas, a través de sus Agencias, deberían con los medios que fueran necesarios, poner en marcha un plan, en donde todas estas pobres gentes se pudieran aglutinar, para un mejor aprovechamiento de sus infinitas cualidades humanas. Si los mandatarios de las naciones, si los que pueden, si las Naciones Unidas no hicieran esto así, no pasará mucho tiempo sin que se arrepientan de no haberlo hecho. Cuando vean estos señores poderosos, que la vida es breve y se acaba, que es como una neblina que se esfuma, que es como una bocanada de humo, que es una exhalación, como una sombra que pasa, que es hierba verde que se seca y que es flor que se marchita, se preguntarán· ¿Todo esto es cuanto hay? ¿Qué hemos hecho? ¿Querer atrapar el viento? ¿Y qué somos? ¿Y dónde vamos?. Otra frase que pensarán todos estos poderosos será: "Da lo que tienes y sígueme". ¿Será demasiado tarde para corregir? Tal vez. ¿Porque el egoísmo del ser humano, nos hace ser tan poco solidarios? El egoísmo y la codicia no dejan al hombre ser humanitario El hombre por dinero hace lo que sea. ¡Qué equivocación! ¡Qué equivocado está el mundo! El dinero no sirve nada más que lo necesario, lo justo, lo demás es vanidad Con lo hermoso que es dar. Con lo satisfaciente que es dar. Cuando das algo a tu hermano y este hermano se llena de gozo con tu gesto, ese día ya puedes tú también gozar mirando por una ventana y deleitarte viendo una ladera bañada por la cálida luz del sol, con una mezcla de hierba y de maleza sobre la cual se encuentran cientos de gentiles florecitas ofreciendo su perfume y sus colores y a infinidad de pajarillos que en simétricas bandadas surcan el suave viento con su frágil aleteo, dejando al pasar con sus gorjeos la melodía de un coro de ángeles celestiales. Los pobres en su mayoría tienen la grandeza de alma suficiente como para gozar de las cosas más pequeñas e insignificantes. Si no fuera esto así ¡pobres de los pobres!

Al declarar a 1996 Año Internacional para la Erradicación de la Pobreza, la O.N U ha puesto el dedo en la llaga de una de las más graves heridas por las que sangra nuestra humanidad en este fin de siglo y ha señalado una de los principales objetivos pendientes para el siglo XXI.

A pesar de los enormes avances que el mundo ha experimentado en muchos sentidos, persiste el drama de millones de personas, cuya vida, generalmente corta, es poco más que una prolongada y desigual batalla contra el hambre, la enfermedad, la ignorancia y otras causas de muerte prematura y de indignidad.

Butros Ghali, Secretario general de la O.N.U., al presentar en Nueva York este Año contra la Pobreza, aportaba una triple razón para que todos nos sintamos concernidos por este problema: "En primer lugar, porque todos y cada uno de los países del mundo se enfrentan al desafío de remover la pobreza absoluta en alguna medida. En segundo lugar, la erradicación de la pobreza es un imperativo humano que nos obliga a actuar sin mirar al lugar donde sucede. En tercer lugar, porque el desplazamiento de la gente, la difusión de la violencia, la expansión de las enfermedades y las consecuencias de la tensión social son transnacionales, globales".

En efecto, las esperiencias relacionadas con enfermedades como el sida y el Ebola o la imparable ola de migraciones del Sur hacia el Norte nos han ayudado a comprender que toda la humanidad viaja en el mismo bote y que todos compartimos -querámoslo o no- avances y retrocesos.

Hay que recordar, por otra parte, que la pobreza de millones de personas es no sólo un hecho apabullante en su trágica realidad, sino que es también y fundamentalmente un hecho injusto, que, por eso mismo, es un germen de violencia, un cáncer sembrado en las entrañas mismas de la familia humana

"Las diferencias económicas, sociales y culturales demasiado grandes entre los pueblos provocan tensiones y discordias y ponen la paz en peligro" (Populorum Progressio, 96) No es de recibo que, como sucede ahora, el 20 por ciento de la población -entre los que estamos nosostros- consumamos el 70 por ciento de la energía, el 75 por ciento de los metales, el 80 por ciento de la madera y el 60 por ciento de los alimentos.

Por último, conviene dejar bien claro que la erradicación de la pobreza, lejos de constituir una utopía para soñadores, románticos e ilusos, es un objetivo perfectamente alcanzable. Con medidas políticas sensatas -"que no subestimen la voluntad y capacidad de los pobres para trabajar por su propio progreso", como ha dicho Butros Galli- y con la colaboración de todos es posible acabar con la pobreza masiva, como antes se acabó con la esclavitud o las grandes epidemias.

Citando de nuevo al Secretario general de la O.N.U , podemos decir que "el objetivo ha sido definido. Es universal. Es moral y políticamente obligatorio... La Campaña concierne a todos los actores y sectores de la sociedad. Líderes del mundo del comercio y la industria, los Medios, la comunidad educativa y todos los hombres y mujeres de buena voluntad tienen su responsabilidad para trabajar en apoyo de este objetivo común".

Desde el punto de vista de la fe cristiana, luchar contra la pobreza es una manera de cumplir el mandato del Creador de "dominar la tierra", no como una finca de propiedad exclusiva, sino como el hogar en el que todos estamos llamados a la plenitud de la vida. Es también una exigencia ineludible del Reino que Jesús anunció a los pobres, los cojos, los leprosos y los ciegos; un Reino de igualdad y justicia. Y esto lo pueden hacer y lo deven de hacer las Naciones Unidas.

MEDIR LA POBREZA

Se pueden considerar otros factores para medir las condiciones de vida de los países más pobres. Por ejemplo, la media de esperanza de vida en Japón, Europa Occidental y Estados Unidos es de 75 años. En Afganistán solamente es de 37 años, mientras que en Etiopía es de 42 años.

Otro factor para medir la pobreza es el número de niños que mueren en su primer año de vida. En Afganistán uno de cada cinco niños muere antes de cumplir un año, mientras que en Estados Unidos no llega a tres de cada mil.

En cuanto a alimentación, los expertos consideran que la ingesta diaria media para la mayoría de la población debe ser de 2 300 calorías. En muchos países desarrollados se supera esta media con creces, en cambio en los países más pobres no llega ni siquiera a las dos terceras partes los que alcanzan esa cifra.

Otro gran indicador de la pobreza es la indisponibilidad de agua potable. Muchas enfermedades mortales, como el cólera, el tifus y la disentería, se contraen por medio de gérmenes que se propagan en el agua contaminada. Se estima que más de una cuarta parte de la población mundial no puede conseguir agua potable para sus necesidades diarias.

La sanidad es otro fiel reflejo de la diferencia que existe entre países ricos y países pobres. Mientras en Gran Bretaña hay un médico por cada 800 habitantes, en algunos de los países pobres hay un médico por cada 56.000 habitantes.

Estos grandes constrastes suponen un problema enorme. El Consejo Económico y Social, a través de sus agencias han tratado de resolver, aunque sea en teoría, sin éxito los problemas del tercer mundo. Digo esto porque todo se ha quedado en proyectos. Todo o casi todo, ya que algo se ha conseguido con las inversiones del Banco Internacional para paliar tantas necesidades como tienen los países subdesarrollados. La FAO ha logrado instalar algunos regadíos, algunas plantaciones, mas todo esto sin llegar a cubrir ni siquiera el 5% de las necesidades de estos países. La Organización Mundial de la Salud es la que más ha conseguido, ya que en años pasados anunció la completa erradicación de la viruela en todo el mundo. Pero estos logros sólo consiguen limar mínimamente el gran problema de desigualdad, marginación y miseria entre países ricos y pobres, entre hombres ricos y pobres.

El ECOSOC se ocupa de convencer a los países ricos miembros de las Naciones Unidas, de la importancia que tiene el reducir estas desigualdades y consigue algo a base de contribuciones de dinero personal y equipamientos, mas el autor piensa, que más que la contribución de las personas (con ser esto importante), lo que sería interesante, es que se comprometieran los gobiernos de los países a organizar la economía mundial, de forma que los países desarrollados contribuyeran más y mejor a un reparto más justo de las riquezas del mundo.

Una manera muy importante de repartir riqueza, sería la de distribuir más ampliamente la industria, ya que los países o la mayoría de los países subdesarrollados son los proveedores de combustibles y materias primas normalmente a precios muy baratos. Pero como a los países subdesarrollados no les proporcionan ninguna clase de material industrial, es por esto que los países desarrollados se favorecen de todas esas materia primas, las cuales las transforman en productos que después exportan a sus mismos países de origen, cobrando de estos unos precios que los países subdesarrollados no pueden pagar. Si estos productos se fabricaran en los países de donde proceden, su economía mejoraría enormemente, ya que sus cifras de empleo crecerían, pudiendo conseguir más ingresos en moneda extranjera al ser ellos los exportadores, en vez de importar sus materias primas transformadas ya en productos manufacturados.

Como ejemplo quiero poner Indonesia, un gran productor de madera. Anteriormente, casi toda la madera la exportaba como materia prima para fabricar en el mundo industrializado contrachapado, conglomerado y otros productos madereros. En la década de los 80 el gobierno indonesio, con la ayuda de la Organización de las Naciones Unidas para el Desarrollo Industrial, emprendió un plan para mejorar su economía nacional Parte de este plan consistía en incentivar la fabricación, siendo el resultado que con los productos que fabricaba con su propia madera, creaba puestos de trabajo logrando así un gran incremento en la productividad nacional y consiguiendo grandes ingresos y pingües beneficios de las exportaciones.

Según la ONU, el ECOSOC y sus agencias entregan dinero del Banco Mundial para mejorar la situación de estos países mencionados y que están en una situación de subdesarrollo. En Africa, la Asociación Internacional para el Desarrollo (AID), proporciona fondos en la República de Togo para financiar las mejoras en las cosechas de algodón, a Malí para incrementar los pastos, la producción de semillas y la protección de cosechas, a Benin para semillas, insecticidas y fertilizantes, y a Nigeria para mejorar su suministro de agua.

En Asia, además del anterior ejemplo de Indonesia, el AID hizo un préstamo a China para la financiación de un proyecto de formación agrícola y otro a Birmania para construir presas que proporcionaran regadíos y agua potable a las zonas secas.

En Filipinas se han financiado según las Naciones Unidas más de diez mil pozos y sistemas de suministro de agua en zonas rurales.

También se prestó dinero, (siempre según las mismas fuentes de información) a Malasia para realizar la plantación de nuevas cepas de caucho y árboles frutales para pequeños agricultores, así como para irrigar campos de arroz.

En Corea, un préstamo del Banco Mundial permitió mejorar las carreteras reduciendo el coste de los transportes.

Y en Samoa occidental se financió un proyecto para ayudar a los pequeños agricultores a mejorar la producción porcina, caprina y avícola.

El Banco Mundial también hizo un préstamo a Marruecos para incrementar la productividad de los pequeños agricultores y ganaderos. Concedió otro préstamo a Túnez para financiar la formación agrícola, ayudándosele también para proyectos de regadíos a Chipre. También recibieron fondos los pequeños agricultores de la República Arabe del Yemen para comprar semillas y herramientas.

En Sudamérica, Perú recibió un préstamo del Banco Mundial para reconstruir la Universidad Nacional de Agricultura y granjas en zonas rurales, mas a pesar de todas estas ayudas que se realizaron durante estos últimos años, a la vista de los resultados, da la impresión de que todo ha sido insuficiente, ya que las ayudas de proporcionar semillas y abonos no es lo que necesitan estos países tan atrasados, más bien lo que estos países necesitan es desarrollar las técnicas agrícolas formando expertos para que pronto sean capaces de conducir con éxito su propio futuro.

SOLO BUENAS INTENCIONES

En 1945 parecía posible que las Naciones Unidas podrían llevar al mundo en una marcha constante hacia la eliminación de la pobreza Esta era la esperanza que transmitía la Carta de las Naciones Unidas, pero desgraciadamente ha resultado ser demasiado optimista

A pesar de los ¿esfuerzos? de las Agencias respaldadas por la ayuda de algunos países, un porcentaje muy elevado de la población mundial está todavía mal alimentada, privada de una adecuada atención sanitaria y viviendo en condiciones miserables

El progreso en la lucha contra la pobreza del mundo es excesivamente lento Persiste la enorme desigualdad entre países ricos y países pobres Se necesitan grandes inversiones que no llegan nunca y aunque las Naciones Unidas como Organización Mundial insta a que se dedique más dinero a la ayuda de los países subdesarrollados, la financiación depende en último término de los gobiernos de los países miembros de la Organización

Algunos de estos países, prefieren canalizar su exigua ayuda a los países pobres, ellos directamente, con la esperanza egoísta de comprar así su lealtad política La mayoría, según el autor, debe de dar demasiado poco a la vista de la situación miserable y caótica que están viviendo todos los países del Tercer Mundo

Las Agencias de la O N U tienen poco dinero, entonces la mayoría de las ayudas que se les da en metálico a estos países, es por medio de préstamos que después tendrán que devolver con intereses, siendo así tal el gravamen de la deuda, que lo que se hace es crear a su vez otro gran problema a estos pobres países

En 1960, la O N.U declaró la década del desarrollo, con la buena intención de comenzar en serio a resolver los problemas del desarrollo Hubo muchas conversaciones y conferencias, pero se consiguió tan poco que se decidió llamar a la década de los 70, la segunda década del desarrollo y a la de los 80, la tercera década del desarrollo

En 1974 la Asamblea General aprobó un nuevo orden económico internacional. La O.N.U. se comprometió a eliminar el enorme desfase entre países pobres y ricos. Después, este nuevo orden se convierte en nada, sólo se queda en palabras, se siguen otros planes y estrategias y las buenas intenciones se convierten en montañas de papel. (Por este motivo no se les puede reprochar a los países subdesarrollados, que consideren las conversaciones de la O.N.U. en una vulgar palabrería).

Las palabras no evitan la muerte de decenas de niños, las palabras no consiguen producir comida ni siquiera para un solo poblado, las palabras no construyen pozos que transformen el secano en regadío, ni las palabras tampoco proporcionan cuidados médicos y lo que es más importante, las palabras en su conjunto no hacen nada para evitar su extrema pobreza

Este desesperado contraste entre la palabra y la obra se expuso crudamente en 1985 en la sede de las Naciones Unidas. Una crisis desarrollada al Este de Africa durante años, saltó de repente a la conciencia del mundo. El desierto del Sahara se está extendiendo debido a los cambios climáticos trayendo consigo sequía y hambre a Etiopía y Somalia. Esta crisis empeoró con la declaración de guerra en ambos países, resultando uno de los mayores desastres de su historia.

En 1985 y 1986 a pesar de la ayuda humanitaria de las Naciones Unidas, hubo más de un millón de muertos a causa del hambre. ¿Qué ayuda recibirían?. Las imágenes que aparecieron en televisión horrorizaron al mundo. En medio de esta desolación llegó una noticia sobrecogedora; la Asamblea General de la O.N.U. decidió con 122 votos a favor y 5 en contra gastar 73 millones de dólares en Etiopía (pero no en alimentos ni tampoco en refugios para millones de personas que huían de las zonas asoladas por la guerra y la sequía). Este dinero se dedicaría a construir un Palacio de Congresos para organizar conferencias en Addis Abbeba, (capital de Etiopía) Esta iba a ser la Sede de la Comisión Económica de las Naciones Unidas en Africa. Las Naciones Unidas quisieron justificar este gasto con un informe oficial, que indicaba que el sistema de comunicaciones de la Comisión entre países de la O.N.U. estaba demasiado anticuado, declarando además, que las otras instalaciones estaban necesitadas de una pronta reparación. (El autor de este libro aprendió desde muy niño a llamar a estas desvergüenzas: vanidad de vanidades).

En todos los países pobres, o en algunos, como he comentado antes, algo han recibido de las Agencias de las Naciones Unidas, pero estos países no han mejorado todo lo que hubiese sido deseable, ya que la ayuda al desarrollo parece ser que se hace bastante complicada.

La ayuda para el desarrollo en países pobres, hoy ya no se razona como hace unos años, ya que en estos países que la mayoría están en democracias, las gentes están pendientes de que es lo que sucede con el poco o mucho dinero del que dispone el país. Muchas personas se preguntan: ¿Se gasta mi dinero correctamente?. No siempre, ya que parte va a lujosas sedes de gobierno o palacios de congresos y complejos deportivos. Otra pregunta que la gente se hace: ¿El dinero llega realmente a donde debe de llegar? No siempre, ya que en estos países subdesarrollados hay mucha corrupción y este dinero acaba en los bolsillos de políticos y funcionarios, si no se lo queda el ejército. El resultado de todo esto, según los dirigentes de la O.N.U es que cada vez resulta más difícil convencer a los gobiernos de los países desarrollados, de la necesidad de ayudar, reduciendo así las diferencias entre los países ricos y los países pobres.

La prensa también tiene algo que decir aquí. Si los medios de comunicación, prensa, radio y televisión hablan tanto del hambre que hay en el mundo y no consiguen que los países industrializados se sensibilicen con el problema, ¿cuál sería entonces la conducta de estos medios de comunicación?, pues el autor piensa que, como el asunto es tan delicado, estos medios deberían insistir e insistir sobre el asunto, ya que de no ser así los países ricos se recostarán sobre el cómodo colchón de la ignorancia y ni siquiera se acordarán de que en este mundo injusto hay hambre, hay necesidades y hay miseria.

A LOS MANDATARIOS DE TODAS LAS NACIONES

Señores mandatarios de las naciones de las Naciones Unidas, no entenderá nunca el autor la forma poco moral, (llámenle ética si les suena mejor), de sentar las bases para convivir en una sociedad a la que se ha dado en llamar siglo de las luces. ¿Cómo han hecho posible que se vea bien por todos, ricos y pobres, gobernantes y gobernados, un sistema económico que sólo favorece a las capas medio-altas y altas de la sociedad?. Si esto no es justo, si esto no es moral, ¿por qué las capas más desfavorecidas no se aprestan a manifestarlo, en vista de que quien impone las leyes y los demás poderes, van cómodamente asentados sobre la grupa atalajada ricamente de este alazán desbocado, que si no se le reconduce se dará de bruces sobre el egoísta y poco solidario mosáico de este inmoral sistema de cosas?. ¿No se da cuenta nadie de lo injusto del reparto de la riqueza?. Cada sistema de gobierno del color que sea, su estilo en este sentido es el mismo Aunque cada sistema de gobierno tenga en su programa los más inverosímiles y contrapuestos puntos de vista, en el asunto económico todos coinciden en el mismo punto. ¿Y cuál es este punto? Carlos Marx le llamaría (la bestia negra de la plusvalía), el autor de este manual le llama sencillamente (aumentos del tanto por ciento) Ante esta situación yo me pregunto: si de los pobres, de los desfavorecidos y de las clases trabajadoras más bajas, se cogen parte de sus beneficios para dárselos a las clases más favorecidas ¿cómo le tendríamos que llamar a este reparto?, pues creo sin temor a equivocarme, que se le podría llamar el reparto del Lazarillo de Tormes una para ti y dos, tres o las que sean para nosotros.

Señores gobernantes, señores potentados, esto no está bien, esto no es justo y esto no es moral. ¿Cómo se atreven ustedes a hablar de solidaridad?. Esto que está sucediendo con los aumentos es tal barbaridad, que nadie, por poco coeficiente intelectual y por poca conciencia que tenga, sería capaz de aceptar tal abuso ¿A qué regla se acogen los mandatarios para darle a los que ganan diez veces más, cincuenta mil pesetas de aumento y a los que ganan diez veces menos darle solamente cinco mil? Si esto es así y sí que lo es, ¿qué moral estamos predicando y practicando? Vean señores mandatarios del mundo de arreglar este punto, porque de no ser así bajo mi punto de vista, la justicia y la moral, pensaré que son una falacia Olvídense ustedes si son de derechas o de izquierdas, olvídense ustedes si son socialistas o conservadores, pero repartan mejor por favor y no se lo queden todo ya que el actuar así después de ser una inmoralidad, harán muchas heridas físicas y morales

CINISMO

Yati vive en un país del Sudeste Asiático y cada día sale de su chabola para trabajar en una fábrica de calzado cosiendo trozos de cuero y cordones Aunque su semana laboral es de 40 horas, tiene que hacer más de 10 horas extraordinarias a la semana para poder llevarse a su cabaña la miserable cifra de 80 dólares (de Estados Unidos de América) al mes La empresa que la tiene contratada, se presenta orgullosamente como concienzuda promotora de los derechos humanos en los países menos desarrollados En el mundo occidental, esta empresa vende los zapatos a unos 60 dólares el par, de los cuáles Yati percibe alrededor de 1,40 dolares

Cuando Yati sale de la fábrica limpia y aseada (dice un reportaje publicado en el periódico The Boston Globe) apenas cuenta con lo suficiente para el alquiler de su chabola de 3 por 3,6 metros, con paredes sucias y plagas de humedad y bichos Como no hay muebles, Yati y sus dos compañeras tienen que dormir acurrucadas las unas sobre las otras sobre un suelo de barro y ladrillo Lamentablemente esta situación se da con bastante frecuencia en aquellos países Después dice muy ufano el gerente de la empresa. - ¿Cómo se benefician más las personas que trabajan en esta fábrica, conmigo o sin mí? El exiguo salario les da la oportunidad de llevar una vida decente, quizás no naden en la abundancia (sigue diciendo), pero no se mueren de hambre No obstante, muchas de estas mujeres que están desnutridas, sus hijos, todas las noches se acuestan sin cenar. Además estas gentes se encaran diariamente a los riesgos implicados en sus peligrosos trabajos y bastantes de ellos están muriéndose lentamente a consecuencia de los venenos y los residuos tóxicos que manejan. ¿Es eso una vida digna y decente?.

Un hombre, Hari, peón agrícola del Sur de Asia opinaba que no estaba de acuerdo con nada de lo que en su entorno sucedía. El, describió con elocuencia poética el trágico ciclo de vida y muerte que veía a su alrededor. Entre el mortero y el mazo decía, el chilé no puede durar. Los pobres somos chilés, se nos machaca año tras año y pronto no quedará de nosotros ni el recuerdo.

Hari jamás vio aquella vida decente que él soñaba, ni tuvo la más remota idea de la abundancia en la que probablemente se movían sus patronos. Murió al poco tiempo sumido como tantos otros en la más vergonzante pobreza.

Mucha gente vive y muere igual que Hari, consumiéndose en la miseria, demasiado débiles para oponer resistencia a todos aquéllos que están consagrados. Estas pobres gentes pagan con su sangre el haber tenido la desgracia de nacer en países casi olvidados. ¿Quiénes los sangran? ¿Quién haría algo semejante?. Los patronos parecen benévolos, les dicen que quieren dar comida a las gentes de la zona, que quieren ayudarles a ellos y a sus hijos con sus cosechas, mejorar sus vidas y hacerles ricos, pero la realidad es muy otra, ya que lo que pretenden estos patronos es enriquecerse más y más a costa de los pobres, de los chilés, como decía Hari. Si el resultado de su codicia son niños desnutridos, trabajadores intoxicados y madres depauperadas, todo esto es reflejo de una sociedad vergonzante que tenía que bajar la cabeza cuando dice que somos una sociedad progresista, justa y avanzada.

Así se comportan las empresas del Extremo Oriente, de Africa y de Sudamérica. Es el precio que las empresas pagan para satisfacer su codicia. Estas gentes no se dan cuenta de que, cuanto más aumentan sus ganancias, también aumentan más las desgarradoras cifras de sus víctimas.

El autor piensa que las Naciones Unidas tendrán muy buenas intenciones y es una Organización que, si no existiera, probablemente habría que crearla. Es como la religión, que hay veces que no funciona pero es un freno. Las Naciones Unidas, a mi modo de ver, tienen que depender demasiado de las naciones que las sustentan. Las Naciones Unidas están demasiado condicionadas: Tres años y medio de guerra en la antigua Yugoslavia, muertes sin control, mujeres violadas, hambre, frío, miseria, niños sin padre y familias sin hogar. Hace tres días, con la celebración del 50 Aniversario de la fundación de las Naciones Unidas, se vieron dos hombres en Nueva York, Clinton y Yeltsin, y como si lo que están tratando fuera algo que no tuviera ninguna importancia, entre bromas y risas se ponen de acuerdo y el gran problema de la antigua Yugoslavia se ha solucionado. Pero, ¿esto es serio? ¿Esto es moral? ¿Por qué han esperado 3 años y 6 meses para solucionar este conflicto? ¿Por qué han esperado a llenar las calles de muertos y las casas de espectros?. Esto me recuerda algo, no muy lejano en el tiempo, aunque parece que haya gente que le resulte demasiado lejos en la memoria. Pienso que tecnológicamente hemos llegado a la cúspide, mas espiritualmente y moralmente, seguimos estando aún en la puerta de las cavernas. Europa, en asuntos internacionales, en muchas cuestiones no es responsable. Gran Bretaña, Francia, Alemania, Bélgica, Suecia, Dinamarca, la mayor parte de las veces tienen claro lo que desean, mas se ven indefensas y condicionadas mientras el Rey de Occidente no toma una decisión.

UN PROBLEMA DE DIFÍCIL SOLUCIÓN

Como un huérfano no deseado, el cargamento había pasado de un barco a otro y de un puerto a otro a la espera de que alguien lo aceptase, 11 000 bidones repletos de resinas tóxicas, pesticidas y otras sustancias químicas peligrosas, habían sido transportadas de Yobuti (Africa) a Venezuela, luego a Síria y después a Grecia. El contenido de los bidones se salía y finalmente afectó a la tripulación de uno de los cargueros. Un hombre murió y la mayoría sufrió trastornos dermatológicos, renales y respiratorios, provocados por las sustancias tóxicas que se llevaban a bordo.

Barcos, camiones y trenes repletos de residuos letales, surcan el planeta en busca de lugares donde depositar su mortífera carga. Muchas veces los países asolados por la pobreza, el hambre y las enfermedades, se convierten en vertederos de toneladas de productos tóxicos y basura contaminada.

Los defensores del medio ambiente temen que para que se origine un gran desastre ecológico, sólo es cuestión de un poco de tiempo.

Pinturas, disolventes, baterías, residuos radioactivos, escoria cargada de plomo, todo esto probablemente sean cosas que aparentemente no atraigan la atención de nadie, mas sí que esta atención les atrae a los que comercian con el floreciente negocio de los desechos industriales. Resulta irónico que cuanto más estricto es un gobierno en cuestiones ecológicas más residuos tóxicos transportan sus industrias a los países más pobres.

Según el semanario londinense (The Observer), todos los años se envían a países del Tercer Mundo (países pobres) casi 20 millones de toneladas de sustancias químicas tóxicas, procedentes de empresas sin escrúpulos de las naciones industrializadas. Las lagunas legales y la falta de firmeza en la aplicación de las leyes, dan pie a que miles de toneladas de residuos tóxicos acaben en suelo africano, asiático o latinoamericano.

No es de extrañar que a esas empresas les resulte tentadora dicha solución, ya que el costo de verter los residuos, puede disminuirse muchísimo si se escoge el lugar adecuado. Eliminar el asbesto de un barco estadounidense en su propio país, habría costado 100 millones de dólares; llevado este mismo barco a Turquía, en este país, la misma operación que sería eliminar el asbesto, hubiera costado 2 millones de dólares. El gobierno turco se negó, al considerar que quitar más de 46.000 metros cuadrados de la cancerígena fibra de asbesto, en su país podría resultar demasiado peligroso para la salud de los turcos. Así, este barco fue llevado a un puerto de otro país en donde las normas para la protección del medio ambiente eran menos estrictas. Así, en estas condiciones muchas personas y muchas empresas occidentales que negocian en los países en vías de desarrollo, todavía presumen de verse como benefactores de estos países pobres.

Harwey Alter, de la Cámara de Comercio de Estados Unidos, con un gran cinismo, sostiene que la exportación de estos deshechos y la industria del reciclaje, elevan el nivel de vida de esos países. Después, cuando se analizan algunas de las prácticas corporativas de dichas empresas en el extranjero, se concluye que en la mayoría de los casos, en lugar de aumentar el nivel de vida, lo más común es que paguen con miserias, a cambio de contaminar el ambiente con productos peligrosos que han sido comercializados, algunos de ellos, fraudulentamente.

Un ejemplo típico lo tenemos en el Sur de Africa en donde se encuentran las mayores instalaciones del mundo para el reciclaje de residuos de mercurio. Estas instalaciones han sido tildadas de ser uno de los mayores escándalos ecológicos del continente, ya que los deshechos tóxicos provocaron demasiadas muertes yenfermos intoxicados por mercurio.

Los gobiernos de algunas naciones industriales, ante el alto riesgo, prohiben o restringen el vertido de ciertos residuos de mercurio, mas a pesar de esto mandan otros deshechos ya que suena mejor hablar de reciclaje, que de abandonar, tirar o verter.

Se podría pensar, que el reciclaje es bueno si no entrañara tantos riesgos, ya que podría servir para crear puestos de trabajo y elevar el nivel de vida de estos países subdesarrollados, no siendo esto así, motivado porque al dejar las sustancias de estos compuestos químicos, al quedar liberadas se transforman en contaminantes letales de incalculables consecuencias.

Por otro lado, el "U.S. News & World Repor" escribe: El etiquetado falso, las lagunas legales y la falta de experiencia de estos países en desarrollo, los convierten en blancos fáciles para los voraces traficantes de residuos que venden sedimentos de aguas residuales tóxicas, "como abono orgánico" o pesticidas pasados, como "ayuda para la agricultura".

En México han surgido muchas fábricas de propiedad extranjera. Uno de los principales objetivos de tales empresas extranjeras es librarse de las rigurosas normas ecológicas que hay en otros países y aprovecharse de la incontable cantidad de trabajadores mal pagados. Decenas de miles de mexicanos viven en casuchas situadas junto a turbios canales de agua contaminada; esa agua nadie puede beberla. Un informe de la Asociación Médica Americana dijo que esta región fronteriza era prácticamente una cloaca y un caldo de cultivo para enfermedades infecciosas. Pero esto no es todo, ya que hay tal cinismo, que gobiernos que prohiben un veneno en su país, lo fabrican y lo venden en otras naciones. ¿Dónde está la ética? ¿Dónde está la moral? Arif Yamal, agrónomo de Jartum (Sudán), especializado en pesticidas, mostró unas fotografías de barriles, que en el país industrializado de su procedencia habían sido marcados con estas palabras: "No se autoriza su uso". Sin embargo, estos barriles fueron encontrados en Sudán en cuyas inmediaciones había montones de animales muertos.

Un país próspero exporta anualmente unos 227 millones de kilos de pesticidas prohibidos, restringidos o no autorizados para uso nacional. Esto lo dice (The New York Times). Estos años atrás se prohibió el uso de heptacloro (un insecticida cancerígeno relacionado con el DDT) y sin embargo, la empresa química que lo inventó lo sigue fabricando.

Una inspección de la O.N.U., descubrió cuantiosas existencias de pesticidas muy tóxicos en por lo menos 85 naciones subdesarrolladas, en donde a consecuencia de esto sufren intoxicación grave por sustancias químicas alrededor de un millón de personas al año, muriendo más de 20.000 personas a consecuencia de ello. Ante todos estos desacatos el autor piensa que las Naciones Unidas deberían ser más severas, tomando las medidas correctoras que fueran necesarias para evitar tanta tropelía. (Todas estas cuestiones que comento aquí, son otros tantos talones de Aquiles de las Naciones Unidas) "Otras tantas flaquezas".

Hay demasiada hipocresía en el mundo y todavía más en las gentes más poderosas. En 1989, se firmó en Basilea (Suiza) una convención de la O.N.U. para regular los movimientos transfronterizos de deshechos peligrosos que podrían crear problemas a las gentes más indefensas, mas no se solucionó ningún problema. A consecuencia de esto, la revista "New Scientist", publicó lo siguiente respecto a una reunión celebrada pocos días después de la antes mencionada. Esta revista dice, que los 65 países participantes en la Convención de Basilea, dieron un importante paso adelante cuando decidieron extender dicha Convención, prohibiendo la exportación de residuos de los países de la OCDE (Organización de Cooperación y Desarrollo Económico) a países no miembros. Mas esta última decisión no pareció sentar muy bien a los países desarrollados. Ante esto, la misma revista se sintió preocupada y manifestó que los Estados Unidos, Gran Bretaña, Alemania y Australia están tratando de anular tal decisión.

Como podrá ver el lector, en cuanto hay intereses, dinero y poder en juego, los gobiernos y los industriales poderosos no se paran ante nada con tal de conseguir sus propios fines, aunque sea a costa de vidas humanas; ¿qué importa que muera gente por tal o cual medida si ellos consiguen sus propósitos?.

HACIA UN EQUILIBRIO HEGEMÓNICO

La Segunda Guerra Mundial, venía a ser la confirmación definitiva de lo que había supuesto la guerra de 1914-1918

La sustitución del orden antiguo, (basado en la hegemonía de las grandes potencias europeas) con el predominio de la Unión Soviética y los Estados Unidos. Esto parece ser que quería decir algo así como que en las Cancillerías Europeas, se iban a elaborar pocos asuntos que concernieran a la política mundial. En un principio parece ser que los datos materiales no eran favorables a la Unión Soviética, ya que había perdido en la guerra casi toda su juventud masculina. Casi la mitad de los 55 millones de muertos de la Gran Guerra habían sido soviéticos, la devastación de sus incipientes industrias, la destrucción de sus campos ocupados y la tergiversación de su economía (que había estado enteramente dedicada al esfuerzo de la guerra), dejaron una nación devastada. Pero todo esto tenía una contrapartida para este país, que era su participación directa en el nuevo orden y el poder controlar extensos territorios en el corazón de Europa. Por otra parte, el comunismo había ganado mucho prestigio en todo el mundo, ya que los comunistas habían participado en todas las resistencias europeas y tenían ya hasta papel en algunos gobiernos, como los provisionales de Francia e Italia al final de la guerra.

En el aspecto militar, a Rusia, la correlación de fuerzas en Europa Occidental la dejaba en una relativa buena posición, porque además, los otros países europeos también habían sufrido grandes pérdidas.

Para los Estados Unidos el balance había vuelto a ser enormemente beneficioso. Aparte de la realidad de un triunfo material estaba también el triunfo moral. El concepto americano de la democracia había triunfado y la retórica (que se recibía con reservas) de la libertad no tendría discusión posible. La creación de las Naciones Unidas estaba hecha de tal forma que a pesar del derecho al veto de otras potencias, la hegemonía americana estaba asegurada. El punto negro de esta gran victoria, era sin duda, la Unión Soviética. Roosevelt había muerto el 12 de abril de 1945, 5 meses antes del final de la guerra con la capitulación de Japón. Sus sucesores no creían en la reconversión pacífica de la U.R.S.S. y el Premier británico Churchill tampoco creía en

Rusia. Estando reunidos en la Conferencia de Postdam (julio-agosto de 1945), Truman, (presidente norteamericano) recibió un telegrama en clave que decía: Baby well born (el niño ha nacido bien). El niño era la bomba atómica que ya había sido ensayada con éxito en el desierto americano. A partir de este momento la actitud del presidente Truman, cambió con respecto a Stalin radicalmente, tanto es esto así, que dicen algunos historiadores que las bombas lanzadas unos días después sobre Hiroshima y Nagassaki, no era tanto el interés de conseguir la rendición incondicional de Japón, como el mostrar a la U.R.S.S. la capacidad de muerte y destrucción que desde aquellos momentos poseían los Estados Unidos. Toda la política cambió a partir de aquel momento, pero todavía cambiaría más y de manera mucho más dramática, cuando en 1949 la Unión Soviética anunció que había realizado también con éxito su primera prueba atómica.

En los Estados Unidos se produjo una oleada de terror y de desmoralización, al mismo tiempo que se extendía el pánico por toda la Europa Occidental, ya que esto suponía el principio del equilibrio del terror.

Es paradójico el ver, el saber, que dos potencias que se esfuerzan por crear una Organización como las Naciones Unidas, la cual su principal misión es la de preservar la paz y la seguridad del mundo, después, se posesionen de unas armas tan mortíferas, que son capaces de hacer vivir a más de 2.000 millones de personas en un estado de pánico. ¿Cómo se puede entender esta gran contradicción?. Esta contradicción se llamaría pronto "la guerra fría". Esta guerra fría que podríamos apostar que comienza a despuntar desde la conferencia de Postdam en Alemania (tras la muerte de Roosevelt) y los ensayos de la bomba atómica por parte de los Estados Unidos. El enfrentamiento entre la U.R.S.S. y los Estados Unidos dominaba ya enteramente al mundo, lo demás era secundario, ya que estaba en función y todo giraba en derredor de ese enfrentamiento. En junio de 1948 la U.R.S.S. bloquea los sectores occidentales de Berlín, a lo que los Estados Unidos respondieron con un puente aéreo.

Los efectos psíquicos y morales de la guerra fría, en un mundo que acababa de salir de la peor guerra de su historia, producía en las personas la noción de que la bomba atómica podría volver a la humanidad en cualquier momento a la Edad de Piedra. Toda la ilusión que se tenía en los últimos momentos de la guerra y antes del descubrimiento de la bomba atómica se desvanecieron. Aquella esperanza de que el mundo podría comenzar a ser diferente, se esfumó. Las naciones se vieron otra vez divididas, a pesar de estar en el marco de las Naciones Unidas. En Estados Unidos se comenzó con la caza de brujas, ya que no sólo se reprimía a los comunistas sino también a los filocomunistas o compañeros de viaje, simplemente por sospecha.

En la Unión Soviética, Stalin reforzó su condición de tirano único y reanudó las depuraciones interiores que llegaban a personas que parecían fuera de toda sospecha, como el mariscal Zhukov, héroe nacional y comandante en jefe de las fuerzas de ocupación en Alemania Oriental, por considerarle contaminado por su relación con los aliados occidentales. Las poblaciones de todo el mundo temían que en cualquier momento llegara el estallido de la tercera guerra mundial. Existía una situación de terror por el temor de un enfrentamiento entre las dos grandes potencias, la U.R.S.S. y Estados Unidos de América, poseedoras ambas de las mortíferas armas atómicas. Y es que estas dos potencias se distanciaron tanto, que hicieron peligrar a la Organización de las Naciones Unidas.

De este fracaso de la paz de la postguerra, de esta situación de terror, de sospechas, de desorden político, de todo esto nació la política de la Organización de bloques. En abril de 1949 se firmó en Washington el Tratado del Atlántico Norte, para reforzar el sistema de seguridad europea, que se había perfeccionado y consolidado hasta conseguir lo que ahora llamamos la O.T.A.N., un mecanismo militar con el puesto de comandante supremo confiado permanentemente a los Estados Unidos de América. La entrada de la Alemania Occidental en la Alianza sería objeto de ásperos debates, pero Estados Unidos la consideraba de gran importancia como salvaguardia o fortaleza frente a las mismas puertas de la U.R.S.S.

La cuestión económica se crearía a través de otros organismos; el GATT (Acuerdo de Tarifas Aduaneras), el Fondo Monetario Internacional, y el Banco para la Reconstrucción y Desarrollo. Así en Europa, sucesivos pactos bilaterales y multilaterales conducirían a dos grandes organismos: la Comunidad Económica Europea (Mercado Común) y la AELE (Asociación Europea de Libre Cambio).

La respuesta de la U.R.S.S. a los Estados Unidos fue la creación del Pacto de Varsovia que reuniría bajo su mando militar y político, las democracias populares de Europa y el COMECON (Consejo de Asistencia Mutua Económica), que desde 1949 trataba de una distribución común de materias primas, favoreciendo la especialización complementaria de las economías nacionales de estas democracias populares, como respuesta al Mercado Común Europeo.

A Stalin le costó mucho el contrarrestar la fuerza que suponían todas la potencias occidentales en un bloque militarista y económico. Stalin tuvo que dominar la situación de su parcela a base de terror, burocratizó todas las instancias de carácter democrático previstas en el partido, desde las células de base hasta los Congresos. Al eliminar todos los rasgos democráticos, Stalin borró también toda la creatividad original no sólo en los políticos, sino también en los intelectuales, artistas y científicos. Muchos de éstos fueron acusados de desviacionistas o de revisionistas siendo sin piedad asesinados. Stalin no surge por un desgraciado azar, ni siquiera por las maniobras personales y locales, a raíz de la muerte de Lenin en 1924; Stalin es fruto de unas circunstancias en las que se encuentran la devastación de la guerra civil, el bloqueo económico y militar, el boicot continuo de mencheviques y residuos zaristas con la imposibilidad de comunicarse con otras revoluciones que fueron ahogadas en Europa. Al morir Lenin, al que se concedían grandes poderes carismáticos, el aparato revolucionario buscó un hombre fuerte y en Stalin encontraron lo que buscaban.

Según algunos historiadores, sin Stalin, la Unión Soviética no hubiera podido salir de su postración, ni hubiera podido enfrentarse con éxito a tanta contrariedad para hacer un Estado fuerte y una potencia que se hiciera respetar. La U.R.S.S. que este hombre cogió en sus manos, era todavía un barrizal de nieve y de desorden; la que dejó al morir era una potencia militar de primer orden, dominando sobre su grupo de naciones europeas con una gran influencia sobre todos, e inaugurando un programa espacial más avanzado que el de Estados Unidos. Stalin fue un hombre duro que triunfó a costa de purgas, pobreza y terror. Mas esto no era inconveniente para que en el mundo libre existiera miedo, en aquellos momentos existía mucho miedo a una confrontación entre ala O.T.A.N. y el Pacto de Varsovia. Fueron años de una increíble dificultad, ya que las Naciones Unidas se veían en cierto modo desplazadas. ¿Cómo combatir a los dos colosos aunque estuvieran metidos en la misma Organización?. Estados Unidos y la Unión Soviética tenían en sus arsenales tantos armamentos, que no atendían nada más que a la razón de la fuerza.

El autor piensa y se pregunta que no sabe cómo pudieron tener tanta humildad y tanta paciencia los secretarios generales de las Naciones Unidas, como para presidir una gran Organización que en la mayoría de los casos no podría tomar las decisiones que a él, como secretario general, le hubieran gustado.

No sabe el autor cómo TRIGVIE LIE. DAG-HAMMARSKJOLD. SITHU U-THASUT. KURT WALDHEIM. PÉREZ DE CUÉLLAR Y BOUTROS GALI, supieron y pudieron aguantar tantos desdenes y tan pocas consideraciones en cada momento en que se debía tomar alguna decisión de trascendencia. Siempre, estos excelentes secretarios generales, se tuvieron que conformar con lo que hicieran o decidieran estas dos superpotencias.

DESHIELO

Entre la muerte de Stalin, 6 de marzo de 1953 y la denuncia por el XX Congreso del Partido Comunista de la

Unión Soviética del 14 al 25 de febrero de·1956, transcurren tres años. Desde entonces al cambio de política de Estados Unidos significada con la elección de Kennedy, (9 de noviembre de 1960,) sólo faltan 4 años. Siendo desde aquí, cerca ya de las crisis del Caribe, octubre-noviembre de 1962, cuando se inicia el largo período de la coexistencia pacífica. Aun siendo esto así, costó casi 10 años de modificaciones lentas, desmontar en parte el pesado armazón político, económico y sociológico de la guerra fría. A partir de aquí los signos de buena voluntad por ambas potencias comenzaron a producirse inmediatamente. Desde una pequeña amnistía que se producía días después de la muerte de Stalin, hasta los discursos apaciguadores de sus sucesores. El estilo campechano y abierto de Jruschov, junto al nuevo clima de permisividad cultural en toda la Unión Soviética fue el principio de una nueva política que todos estábamos deseando. La auténtica eclosión se da en el XX Congreso en el que Stalin es ya denunciado por Jruschov como un hombre cruel, que estuvo enloquecido en los últimos años de su vida.

La denuncia estaba matizada, porque de haberse hecho de una manera global, se hubiera hundido con ella no solamente la memoria de Stalin sino también la razón histórica del partido y de la vida soviética durante los últimos 40 años. El deshielo comenzó a producirse en el interior del país. Para el exterior se ofrecía ya la nueva palabra "coexistencia". A esta llamada coexistencia una serie de hechos la subrayaban: primero; acuerdos sobre la neutralidad de Austria y la consiguiente retirada de las tropas rusas de ocupación; segundo; firma de la convención del armisticio con Corea y tercero: declaración soviética sobre la puesta en marcha del fin del estado de guerra con Alemania.

Mas, a pesar de todo esto, era evidente, que la Unión Soviética no estaba dispuesta a ir más lejos de lo que la continuidad del régimen comunista y su seguridad como gran potencia le permitía. El estímulo de la desestalinización produjo algunos movimientos independentistas en los países del Pacto de Varsovia, mas éstos fueron rápidamente reprimidos especialmente el de Hungría en noviembre de

1956. Cuando el gobierno de Nagi proclamó su neutralidad, el país fue invadido instalándose en él inmediatamente un gobierno "títere" considerado como fuerte. Casi simultáneamente con estos hechos, se produjo la crisis del Canal de Suez. El gobierno egipcio presidido por Nasser decidió la nacionalización del Canal, ante esto Gran Bretaña y Francia reaccionaron vivamente en defensa de los intereses estratégicos lanzando una operación militar en combinación con Israel, a finales de 1956. Probablemente en sus cálculos entraba la idea de que la U.R.S.S. en pleno proceso de desestalinización y con problemas de independentismo, no estaría en situación de dar una respuesta adecuada, pero en esto se equivocaron las dos potencias occidentales, ya que la reacción soviética fue tan viva, que el mariscal Bulganin amenazó con el empleo de cohetes nucleares para defender a Egipto. Ante esta situación los Estados Unidos, intervinieron inmediatamente sobre sus aliados y Francia y Gran Bretaña no tuvieron otra solución que retirarse enseguida. Desde este día una serie de consecuencias históricas han pasado sobre la organización del mundo, algunas de las cuáles todavía juegan en la política actual.

A consecuencia de la actitud de Estados Unidos, Francia y Gran Bretaña desconfiaron durante bastante tiempo de su alianza con su gran aliado, abriendo esto una gran brecha en el bloque occidental, brecha que según algunos expertos todavía no se ha cerrado. Mas, a pesar de todo, parece ser que el "equilibrio del terror" juega bastante a favor de todos, mientras no haya un loco que tenga acceso al organigrama de los arsenales de armas nucleares.

En Estados Unidos, unos años más tarde, concretamente en el año 1960, Eisenhower estaba pasando por un mal momento, ya que uno de los aviones "B52", que eran aviones de reconocimiento con armas atómicas con base en Turquía, había desaparecido. Las autoridades norteamericanas, queriendo convencer favorablemente a la opinión pública, decían que era un avión destinado a la predicción del tiempo y su único piloto era un especialista en meteorología. No sabían los americanos que la U.R.S.S. no había descubierto sus cartas, ya que éstos tenían en sus manos intacto al avión B52 desaparecido, con todo su arsenal atómico y al piloto Gari Powers prisionero y declarando. Ante esta situación, Estados Unidos aparecía no solamente como que era capaz de realizar misiones de espionaje, sino que también aparecía como un embustero. En mayo de 1960, los cuatro grandes: De Gaulle, Mac Millan, Eisenhower y Jruschov, habían decidido reunirse en París, pero ante el embarazoso acontecimiento del antedicho avión, la conferencia peligraba. Jruschov le exigía a Eisenhower que pidiese perdón y que prometiese que esto no lo haría más.

Este personaje, Jruschov, era un individuo muy original, igual se le veía saliendo de la embajada soviética en París para ir a pie a una tienda a comprar cualquier cosa, como detenía su automóvil en una carretera para participar con unos leñadores en la tarea de derribar un árbol. Este premier produciría una imagen muy popular, pues era un incesante hablador que contaba innumerables chistes y anécdotas. El contraste en la lejanía inmarcesible de Stalin era inmenso. Jruschov fue el más hábil jefe de propaganda de su país; esta campechanería aparente la alternaba con conferencias de prensa en donde su lenguaje era rudo y duro, en donde acusaba a los Estados Unidos, en ocasiones, sin ninguna clase de miramientos, les acusaba de actuar como ladrones y como piratas, además de tratarles como cobardes, Jruschov decía: "cuando se atrapa a un gato que roba la leche o desvasta el palomar, hay que agarrarlo por la cola y golpearle la cabeza contra la pared, hasta que en esa cabeza entre el buen sentido". El 17 de mayo se clausuró la conferencia de París, (conferencia que nunca existió). Jruschov había explotado hasta el límite la situación que el azar le había puesto en sus manos. Así este premier que había tenido la osadía de quitarse el zapato y golpear con él en la mesa, en una reunión de las Naciones Unidas en Nueva York creó la imagen del pacifista indignado que había sido traicionado por Estado Unidos cuando se disponía a dar el paso decisivo de la reconciliación. Jruschov presentaba una nueva U.R.S.S. con aparente sentido del humor, con un instinto popular mucho más atractivo que el de las truculencias de su antecesor Stalin, pero al mismo tiempo este personaje, era capaz de reaccionar con una sin igual dureza. Eisenhower perdía la partida y con él, el partido republicano y la estilística de la guerra fría. En un principio, la opinión pública de los Estados Unidos, pareció ponerse al lado de su presidente humillado, pero cuando llegaron las elecciones los votos se los dieron al candidato demócrata John Fitzgerald Kennedy. Los norteamericanos habían depositado su confianza en el mejor candidato, ya que el que había sido vicepresidente con Eisenhower, Richard Nixon lo consideraban exageradamente unido a los principios que había puesto en práctica su presidente en la guerra fría. Por esta razón, cuando llegaron las elecciones el 9 de noviembre de 1960, Kennedy obtuvo 303 compromisarios mientras que Richard Nixon obtenía 219. Con esta diferencia, sería más que suficiente para cambiar una época. Kennedy introduciría en su forma de trabajar un estilo intelectual moderado, educado y políticamente abierto: Aquello se consideraba, por los norteamericanos, al menos el final de la postguerra.

Kennedy era una figura fascinante, con carisma y siendo esto así, el diálogo entre los dos grandes debería estar exento de aquel sentimiento de tragedia que había envuelto el ambiente desde que terminó la guerra. Las presidencias del dúo Truman-Eisenhower frente a Stalin, habían tenido al mundo al borde del abismo. No obstante, el 22 de octubre de 1962 estalló la crisis del Caribe, cuando Kennedy denunció que la Unión Soviética había instalado cohetes atómicos en Cuba, a la cual, ante esta circunstancia, se vio en la necesidad de imponerle un bloqueo. La U.R.S.S. a esto respondió poniendo a todas sus tropas en estado de alerta. El momento más inquietante de la situación fue cuando los navíos de guerra soviéticos, avanzaban hacia la línea que Kennedy había trazado en el bloqueo; un intento de forzar la marcha, hubiera llevado a una consiguiente confrontación de las dos superpotencias en aguas del Caribe, pudiéndose haber precipitado con esto la tercera guerra mundial. Mas el estilo, a pesar de la dureza de la situación, era ya distinto de la década anterior, pues Kennedy y Jruschov conversando ininterrumpidamente largas horas por teléfono, lograron con mucha paciencia y muy buena voluntad solucionar la situación. Después vendrían otros problemas.

Rusia y Estados Unidos se pusieron a negociar y la Unión Soviética se quejaría de que éstos mantenían junto a la frontera con la U.R.S.S., (concretamente en la frontera con Turquía), un armamento sumamente peligroso para la paz mundial. La crisis duró poco, ya que la Unión Soviética accedió a desmantelar y retirar los cohetes de Cuba, mientras Estados Unidos suavizaba la tensión retirando parte del armamento que tenía en Turquía y levantando el embargo a Cuba el 22 de noviembre de 1962.

Ya hemos comentado anteriormente que el estilo en aquellos momentos era muy diferente del que habían tenido Truman o Eisenhower con Stalin.

La fecha del 22 de noviembre podía darse como el principio de la coexistencia pacífica. Así lo confirmaban datos de diversos órdenes: la aparición del teléfono rojo (que unía directamente la Casa Blanca con el Kremlin)y el Tratado de Moscú sobre "prohibición de armas nucleares".

Una visita de Jruschov a Estados Unidos haría el encanto de los norteamericanos al repetir una y otra vez su inagotable anecdotario con sus comentarios frescos y vivos, haciendo gran contraste con el relajado espíritu de Kennedy sobre las tensiones que todavía quedaban entre Washington y Moscú.

Se hablaba entonces bastante de redefinir las normas de relación entre los dos grandes países, no siendo esto en principio fácil porque la situación tenía sus enemigos en las dos grandes potencias. Los elementos residuales del stalinismo con los desconfiados de Moscú, reprochaban a Jruschov su debilidad en la crisis del Caribe, con la acusación de falta de entereza que había dado al retirar los cohetes nucleares. A esto le achacaban una falta de resultados conseguidos en la gestión económica interior. Mientras tanto a Kennedy le culpaban en su país, de la indulgencia con que trataba los asuntos de la U.R.S.S. Acusándole también de haber perdido la oportunidad de invadir Cuba, de permitir cambios de régimen en los países de su influencia (especialmente en Latinoamérica) y de reducir y desatender la verdadera fuerza militar de los

Estados Unidos. Estos sectores críticos podrían ser considerablemente reducidos en comparación con la opinión pública, mas no había que dejar de reconocer que tenían enormes posibilidades de cambiar las cosas, tanto era así que sería coincidencia o no, pero lo cierto fue que el 22 de noviembre de 1962 el presidente Kennedy era asesinado. Ninguna de las investigaciones inmediatas o posteriores han aclarado suficientemente el enigma que supuso dicho asesinato, habiendo razones más que suficientes para sospechar que sectores interesados no estaban dispuestos a consentir que el presidente Kennedy continuara su política. Jruschov, ya se mantuvo en el poder solamente unos pocos meses más, siendo destituído el 14 de octubre de 1964. El equipo que le sustituyó estaba formado por Brézhnev y Kosiguin.

El día en que Kennedy fue asesinado, comenzaron una serie de acontecimientos como el de Vietnam, donde Ngo Dinh Diem era asesinado también, y eso iba a significar un recrudecimiento de la intervención de los Estados Unidos en aquella zona.

Parece ser que alguien que todavía no ha podido ser identificado, estaba interesado en que todo esto se desarrollara así. Por esto se supone que a alguien, y a alguien poderoso, no le estaba gustando la política pacifista del presidente Kennedy, ya que éste tenía un acuerdo firmado con Jruschov de reducción de armas nucleares y convencionales, por tanto al ser esto así, este personaje misterioso tuvo que decidir, tomando la determinación de asesinar al mejor presidente de Estados Unidos.

DEMASIADOS HOMBRES DE BIEN ASESINADOS POR NO SE SABE QUIEN

¿Cómo es posible que mueran asesinados especialmente los hombres que buscan la paz?. ¿Cómo es posible que hombres del color que sea, si están disponibles para realizar misiones de paz, sean blanco de personas u organizaciones cuyo objetivo sea el matar solamente por el banal interés de obtener dinero u obtener poder?. Hay ejemplos, como Abraham Lincoln (presidente norteamericano), asesinado por un secesionista llamado G.W. Boot, días antes de haber promulgado la proclama de la emancipación de la población negra americana.

También Mohandas Gandhi, político indio de acción pacífica, apóstol de la paz y la no violencia, mientras intentaba la pacificación entre hindues y musulmanes fue asesinado por un fanático hindú.

Otro ejemplo es el Anwar al-Sadat, primer ministro egipcio, hombre que busca un punto de encuentro con el primer ministro israelí M. Beguin; hombre moderado que suscribe la paz con Israel en Camp-David, es igualmente asesinado en un atentado, se supone que por extremistas de su misma religión, (islámicos).

Otro ejemplo de hombre demócrata, tolerante y amante de la paz, como fue el primer ministro sueco Olof Palmer también fue asesinado, parece ser cuando estaba mirando unos escaparates en compañía de su esposa en Estocolmo.

Terminando este rosario de muertes, ya que hay muchas más, con Isaac Rabin primer ministro israelí, igualmente hombre moderado que firma la paz con palestinos y es asesinado por un fanático extremista, precisamente también israelí.

La lista se haría interminable, ya que en el transcurso del tiempo, en todas las épocas, ha habido grandes hombres dispuestos a luchar por la paz, quedándose un gran número de ellos en la cuneta del camino, víctimas de no sabemos qué oscuros intereses.

HAY DEMASIADAS ARMAS

Desde luego, los gobiernos y las sociedades modernas, le dan poca importancia a que proliferen las armas de fuego: consideran las armas como si se tratara de bolas de nieve.

En Estados Unidos, los policías y los forenses conocen bien este tema. En una ocasión confiscaron un arsenal de armas que tendrían la suficiente potencia de fuego como para armar a un pequeño ejército. Hay zonas en este país, en la que los carteros, los basureros y gentes que tienen el trabajo cerca, no quieren ir y rehusan prestar sus servicios en esas zonas por temor a quedar atrapados en medio de un tiroteo.

Después, en muchas partes del mundo hay noticias, como la masacre que tuvo lugar en California, cuando un franco tirador disparó a diestro y siniestro, con un fusil de asalto de tiro rápido contra un gran número de escolares entre seis y doce años de edad matando a cinco de ellos, e hiriendo a otros 29 antes de suicidarse con su pistola.

En Inglaterra, un maniaco asesinó a 16 personas con un fusil de asalto AK-47.

En Canadá, un misógino entró en la Universidad de Montreal matando a tiros a 14 mujeres, y así infinidad de asesinatos se cometen cada día no comentándose si no tiene gran relieve, al menos por la cantidad de víctimas que sucumben en esta clase de atentados.

Instituciones locales, estatales e internacionales, dedicadas a velar por el cumplimiento de la ley, están perplejas por el aumento de muertes atribuidas a disparos de toda clase de armas automáticas, que ya están en manos de muchos criminales, perturbados mentales y de muchos jóvenes que se mueven por el influjo del dinero, o por unos ideales más o menos mal interpretados.

La asociación internacional de Jefes de Policía declara que un incalculable número de armas automáticas pueden ya estar en manos de personas de todas las naciones del mundo. Aunque no se puede determinar con exactitud la cantidad de armas que poseen los ciudadanos norteamericanos, cálculos recientes indican que setenta millones de ellos poseen alrededor de 140 millones de rifles y sesenta millones de pistolas. El arsenal particular de la nación es lo suficientemente grande como para suministrar un arma de fuego a casi todo hombre, mujer y niño del país. Esta información la da "U.S. News & World Report".

También los ciudadanos europeos parecen un campamento armado, ya que a medida que se arman los delincuentes también se arman los ciudadanos. En Inglaterra tienen con esto un gran problema. También en Alemania Occidental se calcula que de todas las armas de fuego que hay en circulación, más del 80% son de tenencia ilícita. Según algunos informes, muchas de ellas se han robado de arsenales de la policía, del ejército alemán y de almacenes de la O.T.A.N. De Suiza se informa que tiene el mayor índice de tenencia de armas de fuego de todo el mundo. Cualquier suizo observante de las leyes puede tener armas y todo joven en edad militar deberá tener en su casa un fusil de asalto, más potente que el utilizado en la masacre de Stocktow (California). (Comentario del The New York Times del 4 de febrero de 1989).

Pocos días antes, ese mismo periódico, había informado que en San Salvador es tan común que los hombres lleven un arma a la cadera, como si llevaran una billetera. En los supermercados hay guardias armados con escopeta, que patrullan los pasillos, exigiendo a los clientes que depositen sus armas en unos casilleros que se encuentran junto a la entrada.

En Filipinas, según la revista "Ariaweek" de febrero de 1989, el gobierno filipino reconoce que en el país hay por lo menos 189.000 armas de fuego sin licencia, que sumadas a las 439.000 que tienen licencia, significaría que hay muchísimas más armas en manos de los ciudadanos, que las que hay en poder de las fuerzas armadas.

El pacífico Canadá, donde el código penal restringe en gran manera la tenencia y el uso de armas de fuego, presencia un constante aumento de delitos relacionados con esta clase de armas. Hay más de un millón resgistradas en este país. Es tanto el interés en Canadá por tener un arma, que un veterano oficial de la policía declaró: "Lo que me gustaría saber es por qué la gente de Canadá siente tanta necesidad de tener una pistola, un rifle o una escopeta".

En el estado de Florida (Estados Unidos de América), hay una ley que, según la cual, los propietarios de armas pueden ir por la calle con un arma colgada de la cintura o guardada dentro de la ropa. Hay muchas gentes que temen verse envueltas en algún tiroteo callejero como sucedía el siglo pasado en el Oeste Americano. "El mensaje que transmitimos es que ya no les podemos proteger más, de modo que consigan un arma y hagan lo que puedan". Es esto lo que dijo un representante del Estado de Florida, y a juzgar por la cantidad de armas que se venden, eso es lo que justamente está haciendo la gente.

¿A qué obedece este repentino interés en tener armas?. Hay armas tan potentes que son capaces de atravesar de un tiro muros de hormigón y otras tan rápidas como para disparar 900 cartuchos por minuto. Ciertas autoridades dicen que las armas tienen un encanto erótico que las hace especialmente atractivas a los hombres, hay algo de machismo en llevar encima el arma más grande, más fea y más potente. Cierto periodista escribió: "A los hombres en particular, las armas parece que les evoca un retorno casi místico a su juventud". Se ha llegado en algún Estado de Norteamérica a tal extremo, que algunas instituciones bancarias, en vista de este desaforado interés por las armas, han ofrecido regalar pistolas en lugar de pagarles intereses sobre los certificados de depósitos.

Ante todo este conglomerado y comprometido cúmulo de declaraciones, el autor piensa que el llevar un arma es siempre peligroso y arriesgado, ya que si la llevas aunque sea en defensa propia, lo lógico es que en un momento determinado la tengas que usar, siendo aquí cuando el arma se hace más peligrosa, ya que tú estarás en inferioridad ante un delincuente habitual. Y si estás en inferioridad ante tu adversario, ¿para qué quieres el arma?, ¿para forzarle a hacer algo, que tal vez no haría, si tú no fueras armado?.

Por otro lado son caras, tan caras que yo pienso que si el dinero que se utiliza en armas de todo género, se empleara en instalaciones de riego, e infraestructuras, en industria, e investigación, en plantaciones, en roturar terrenos para preparar tierra fértil y si este dinero se empleara para beneficio de la sociedad, el nivel de vida de las naciones subiría muchos enteros, probablemente se acabaría con el hambre en todos los continentes blancos, negros y amarillos.

Creo que esto sería prodigioso. Los científicos con más dinero en sus laboratorios para investigar harían maravillas y la tierra sin armas sería casi un paraíso. ¿Saben ustedes cuánto gasta el mundo en armamento al año?. Más de dos billones de dólares americanos (algo así como trescientos billones de pesetas). Mientras los doctos de la política y de las finanzas hacen este derroche, mil millones de personas viven en la más absoluta pobreza, otros mil millones no tiene suficiente alimento como para poder llevar una vida laboral activa y además cien millones de personas carecen de cobijo, mil trescientos millones no disponen de agua potable y catorce millones de niños mueren anualmente debido a los efectos del hambre. (Repito y enfatizo todo esto, para tratar de que entre en la mente y en el corazón de los hombres la razón por el orden y la paz.)

Para que el lector se haga una idea de lo que cuestan las armas, solamente voy a poner dos ejemplos, aunque eso si muy significativos; el primero es un avión militar, el Steallti, que cuesta más de quinientos millones de dólares, y el segundo ejemplo es el de un portaaviones que cuesta más de mil millones, (igualmente de dólares americanos.)

A los traficantes de armas se les ha llegado a llamar de todo, desde traficantes de la muerte, hasta buitres de la civilización. Pero yo me pregunto: Si no estuvieran ahí esas armas, ¿podrían existir los traficantes?. Luego los culpables directos de que se trafique con armas son los gobiernos, que autorizan a las fábricas a fabricar toda clase de armas, bien sean pistolas, fusiles o cañones. En este siglo se ha fabricado artillería, bombas, tanques, buques de guerra, aviones, gas venenoso, gas mostaza, bombas atómicas, de neutrones y de megatones, siendo todo esto algo tan terrible que es conveniente que sepamos que solamente se hace para matar. La muerte de unos, es el lucro, la riqueza y la opulencia de otros.

Ningún negocio en ninguna época, ha tenido tanta repercusión en la familia humana. ¿Por qué?. Primero: según los niveles actuales de gastos mundiales en armamento, a una persona podría salirle de término medio entre tres y cuatro años de trabajo para poderlo costear. Segundo: las compras de armas sumamente costosas, han creado en muchas naciones una enorme pirámide de deuda pública para varias generaciones futuras. Tercero: la detención de las necesidades más esenciales del ser humano, debido a la búsqueda del poder militar, ha sumido a cientos de millones de personas en la más absoluta y vergonzante pobreza. Tanto es así, que está aumentando constantemente la población afectada por el analfabetismo, la mala salud, y el hambre. Cuarto: el énfasis que los gobiernos y las autoridades militares ponen, en la alta tecnología armamentística pone al mundo al borde del desastre. Quinto: ¿Cómo es posible que haya un soldado por cada 43 personas y un médico por cada 1030 personas?. Sexto: los excesos militares crean un ambiente peligroso para la paz mundial. Las armas de destrucción en masa listas para ser disparadas en cualquier momento, mantienen a la humanidad al borde de un abismo.

Además la construcción de armas (cree el autor) que es un robo a los pobres, ya que son éstos, los pobres del mundo, los más afectados por el negocio de las armas, tanto en los países más ricos como en los países más pobres. Cada arma que se fabrica, cada buque de guerra que se bota, cada cohete que se lanza al espacio, supone a la larga un robo a los que pasan hambre y frío.

Los gobiernos, no se gastan solamente el dinero de sus países cuando se lo gastan en armas. Estos gobiernos están gastando también a la vez, el sudor de sus trabajadores y el saber de sus científicos.

El coste de un sólo submarino nuclear moderno, equivale al presupuesto anual de educación, de 23 países en desarrollo con un total de más de 160 millones de niños en edad escolar.

El presupuesto de las Fuerzas Armadas de Estados Unidos de América desde el año sesenta es superior al gasto que supondría la educación de más de mil millones de niños del Tercer Mundo.

Los países, o mejor dicho los gobiernos de los países del Tercer Mundo son en una parte muy importante, los culpables de la miseria que existe en sus propios países, ya

que el 75% de las armas importadas, les lleva a una
situación de endeudamiento y pobreza que difícilmente
podrán solucionar. Hoy, la deuda externa de los países del
Tercer Mundo, podría acercarse muy bien a los dos billones
de dolares americanos. Dice el vicesecretario de Estado de
uno de los principales países productores de armas: "No me
molesta la conciencia ya que estamos contribuyendo a
nuestro propio desarrollo". El autor piensa que esto que
acaba de decir el señor vicesecretario es cierto, pero sus
palabras tienen tal cinismo que rayan en la desvergüenza, ya
que están contribuyendo al propio desarrollo de sus países a
costa del hambre, la pobreza y la miseria de millones de
seres humanos. Y mientras todos estos gobiernos influyentes
están hablando de paz y seguridad, ¿por qué se fabrican
tantas armas?, ¿porque es un buen negocio?. ¡Qué cinismo!.
A las grandes potencias, por lo que demuestran, solamente
les asustaría una guerra mundial, sin embargo, no les
importan demasiado esas guerras locales que llevan tanto
dolor, tanta miseria y tanto horror. El autor no entenderá
nunca, cómo estos hombres de la guerra están tan
satisfechos de vivir en un ambiente que está lleno de
desolación y muerte, no entenderá nunca que estos hombres
de la guerra se condecoren y tengan tanta influencia en el
personal, ya que hay políticos que cuando llegan al poder les
dedican estatuas y calles en las grandes ciudades.
Precisamente una de las calles más importantes de una gran
ciudad del Mediterráneo, (hace ya muchísimos años) tiene
dedicada una calle a un hombre, que el autor no le va a
calificar porque el hecho se califica a si mismo, más lo que si
quiero decir es que España ha presumido de haber tenido a
tan distinguido señor por uno de los mejores almirantes que
navegaron los mares. Cierto que sería un gran almirante,
cierto que sería un soldado fiel a su rey (Pedro III el Grande),
mas lo que aquí trae a este personaje, es por motivo de que
después de haber librado una gran batalla y haber apresado
a 270 de sus adversarios, se los devolvió al rey francés
después de haberles sacado los ojos. Este guerrero, este
soldado, ¿es merecedor de condecoraciones y elogios?.
Pues bien, el autor piensa que no, ya que el soldado o el

guerrero, en el fragor de la contienda puede cometer algún desacato, mas lo que ya no se puede entender es que a sangre fría se cometa un acto como el acto que acabamos de mencionar,. Para sorpresa de propios y extraños dirá el autor que este gran almirante fue Roger de Lauria. (Aprovechando la oportunidad que me da este libro, insinuo si no seria mas apropiado que esta bonita calle se le cambiara el nombre por calle de Severo Ochoa, Premio Nobel).

Por otra parte, un hecho más reciente deja perplejo al autor al enterarse de que el gobierno inglés presidido por John Major, en unas negociaciones secretas con los dirigentes de Irak, después de un cambio de directrices en la política con este país, llega al acuerdo de la entrega del armamento por parte de Gran Bretaña a Irak. El autor se pregunta ¿pero a qué jugamos?, ¿condenamos un ataque de un país a otro sin preguntarnos quién le proporcionó las armas?. Aquí viene a la memoria las Redondillas de un viejo poema que dice, "Hacedlas cual las queráis, o queredlas cual las hacéis".

(Estos países tan pacíficos dan el material inflamable para que se provoque el incendio y después cuando lo creen conveniente se convierten en generosos bomberos liberadores de la libertad y del orden mundial).

Los países civilizados, son tan tolerantes y tan dados a las frases bonitas que uno se queda perplejo ante las declaraciones de, derechos humanos, tolerancia, libertad, fraternidad, solidaridad. Estas son las banderas que ondean con tanto cinismo como desvergüenza, estos países civilizados que seguro que no sabrían desenvolverse y sus economías no saldrían a flote sin ese negocio en el cual están envueltos los más grandes intereses de la Tierra, ya que los gobiernos, las naciones sin armas y sin negociar con las armas no sabrían estar. No sabrían vivir.

Desde el año 1960 las naciones han invertido en armas más de 70 billones de dólares y la carrera armamentista aumenta, ya que antes de que haya terminado una guerra se ha comenzado otra, y aunque se habla mucho de paz hay mucho cinismo (en estas frases) ya que los gastos militares para la guerra suponen casi 3.000 veces más de lo que se gasta en medidas para conseguir la paz.

Hay muchas naciones detrás del oscuro telón de la venta de armas. A nivel mundial las dos superpontencias (Estados Unidos y Rusia), son las principales proveedoras, mientras que en Europa Occidental las naciones más traficantes de armas son Francia, Gran Bretaña, República Federal de Alemania, España, Austria, y Grecia. Y hasta naciones neutrales se han metido en este sucio negocio, ya que Suecia, distinguida por ser el país que dio origen al Premio Nobel de la Paz, cuenta con las más avanzadas y sofisticadas empresas de armamentos del mundo. En dichas empresas se fabrican para exportación, cazas a reacción, artillería y toda clase de explosivos; Suiza, país tan vinculado a la Cruz Roja y a labores humanitarias, también está implicada en el negocio internacional de las armas. Además de todo esto hay una originalidad que es, que todos los fabricantes de armas quieren convencer a las naciones que las adquieren de que las suyas son las mejores. Así anuncian sus mortíferos productos en lujosas revistas comerciales a todo color, (sin darse cuenta estas personas de que van llevadas por la codicia), de que lo que están ofreciendo son artilugios asesinos que su única finalidad es matar. Aunque la mayoría de las transacciones de armas se lleven a cabo entre gobiernos, éste es un turbio negocio. Dice un informe privado que una vasta red comercial funciona tanto en la clandestinidad como a través de los canales aprobados. Los gobiernos buscan sus propios intereses y a menudo los buscan en secreto.

Aunque varios Estados productores de armas, tienen reglas estrictas que están para regular las exportaciones de armamentos a los países en guerra, sus armas siguen llegando de cualquier modo a los campos de batalla. Un informe del Instituto Internacional de Investigación para la Paz de Estocolmo explica: no hay ninguna mampara impermeable entre el negocio de armas legal y blanco y las transacciones grises y negras. Ningún Estado que vende armamento, parece poder controlar por completo contra quién o por quién será utilizado. El autor piensa que esto es monstruoso.

A la sombra de este comercio internacional entre los gobiernos, se encuentra un ejército de vendedores particulares que trabajan por todo el mundo y que mantienen contacto en elevados círculos políticos y militares. Entre éstos, están los vendedores utilizados por las propias empresas, agentes intermediarios y otras organizaciones que al amparo de éstas manipulan fraudulentamente este negocio. Parece, que a fin de saciar su afán de dinero, algunas empresas de armamentos no se detienen ante nada. Anthoni Sampson investigador del mercado de armas, acusa a esas empresas, de emprender algunas intrigas, para a su vez persuadir a los gobiernos de sus propios países, para que adopten políticas bélicas e incrementen la cantidad de armamento; así como también sobornan a gran escala a los funcionarios gubernamentales. También estas empresas, difunden informes falsos sobre programas militares de otros países con el fin de impulsar a comprar más armamento, influyendo también en la opinión pública mediante el control de los medios de comunicación, poniendo a un país en contra de otro y organizando trusts internacionales con el único fin de subir el precio de las armas. A pesar de todo, este negocio florece más que nunca y nadie parece estar capacitado para cerrar este poderoso bazar. Las dos mayores Organizaciones Internacionales para la creación de la paz, que se han formado en toda la historia (la Sociedad de Naciones y las Naciones Unidas) no han podido nunca convencer, ni siquiera a una de sus naciones miembros para que dejen de fabricar armas. Este negocio tiene tantas conexiones políticas y económicas con el mundo, que muchos somos los que creemos que no va a haber nunca nadie capaz de detenerlo.

LA FASCINACIÓN DEL UNIVERSO

Los hombres siguen fascinados con la idea de conquistar el Universo, aunque en ello les vaya su economía, su trabajo y su ciencia. Desde el primer artefacto eléctrico en 1889 no se ha dejado de intentar de ponerse en contacto con una hipotética forma de vida en el espacio exterior. En esta búsqueda de inteligencia extraterrestre se han comprometido infinidad de naciones de todos los continentes. (El autor razona: ¿Cómo piensan los sabios y además algunos coinciden en creer que hay vida en otros astros o planetas?. Parece que esto es absurdo. Yo más bien pienso que el decir estos señores que creen en esa aberración, es porque les facilita investigar por si por casualidad apareciera algo, mas sin darse cuenta de que se está perdiendo mucho tiempo y mucho dinero. Hay grandes contradicciones en este asunto. La idea extraterrestre es vieja: hace 23 siglos ya hubo un filósofo griego llamado Metrodoro que razonó que un Universo que sólo tuviese un mundo habitado, sería tan inverosímil como un gran campo en el que solamente creciera una espiga. Lucrecio, filósofo y poeta romano del primer siglo antes de la era común, escribió que en otras partes del espacio hay otras tierras y diversas razas de hombres. Esta enseñanza sobre la pluralidad de mundos tuvo la desaprobación de la cristiandad durante muchos siglos, sin embargo, desde los años 1700 hasta los comienzos de nuestro siglo, la mayoría de la gente culta, incluso algunos de los mayores científicos de la historia, seguían creyendo firmemente que existía vida en otros mundos. De hecho un educador de mediados del siglo pasado, se granjeó muchos ataques por atreverse a escribir un artículo en el que negaba la veracidad de otros mundos.

La gente, por contra, siempre ha estado deseando que aparecieran seres extraterrestres creyéndose la más mínima prueba de su existencia. En 1835, un periodista escribió que ciertos astrónomos habían descubierto vida en otros planetas. Dijo que al mirar a través del telescopio se veían pequeñas personas con alas, revoloteando y gesticulando.

(La circulación y venta del periódico aumentó en gran manera). Muchos siguieron creyéndose el evento incluso después de haberse descubierto que se trataba de una broma de mal gusto, o cuando no de un fraude. Por entonces los científicos, como he comentado antes, seguían siendo optimistas y a finales del siglo XIX el astrónomo Percival Lowel estaba convencido de que un complejo sistema de canales, existía en la superficie del planeta Marte. Lowel trazó un plano detallado de su recorrido escribiendo libros sobre la civilización que había construido los antedichos canales. En Francia, la Academia de Ciencias estaba tan segura de que había vida en Marte, que ofreció una recompensa a la primera persona que se pusiera en comunicación con cualquier extraterrestre, dando prueba de ello.

Hubo algunos que propusieron extraños proyectos para comunicarse con seres de mundos cercanos, desde encender enormes hogueras en el desierto del Sahara, hasta plantar bosques de forma geométrica a través de Siberia. En 1899, cierto inventor americano, eligió un mástil rematado con una bola de cobre, a través del que envió poderosos impulsos eléctricos al espacio para contactar con los marcianos. A mucha gente del área se le puso el pelo de punta y resplandecieron luces en 5O Km. a la redonda, mas no hubo respuesta alguna procedente del planeta Marte.

Aunque quizás la tecnología que se utiliza hoy en día para la búsqueda de vida en otros mundos sea distinta, ya que es más moderna, hay algo que no ha cambiado: la mayoría de los científicos siguen convencidos de que la humanidad no está sola en el Cosmos. El astrónomo Otto Wohrbach escribió en el periódico alemán "Nurmberger Nachrichten": "Apenas hay investigadores de ciencias naturales que no respondan afirmativamente a la pregunta de si existe vida extraterrestre". Gene Bilinski, autor de la obra "Vida en el Universo de Darwin", lo expresó de la siguiente manera: "Un día saldrá una señal procedente de los astros que atravesará el inimaginable abismo espacial y pondrá fin a nuestra soledad cósmica".

¿Por qué están tan seguros los científicos de que existe vida en otros mundos?. Su optimismo comienza con las estrellas, ya que hay muchísimas. Tan sólo en nuestra Galaxia existen miles de millones de ellas.

Piensan muy seguros que alrededor de muchas de estas estrellas deben de girar planetas, en alguno de los cuáles tiene que haberse producido vida. Los astrónomos han seguido esa línea de razonamiento y han especulado con la posibilidad de que existan, no una, sino millones de civilizaciones aquí mismo en nuestra propia Galaxia. No bastante con esto, hay muchos científicos que piensan la creencia de que si efectivamente existiera esa posibilidad, estos seres estarían muchos millones de años más avanzados que nosotros, pudiendo en este caso compartir su vasta sabiduría con nuestra inteligencia, enseñándonos a curar las enfermedades, enseñándonos a poner fin a la contaminación, enseñándonos a saber evitar las guerras y el hambre e incluso piensan estos científicos, que estos seres extraterrestres nos enseñarían a evitar la muerte. El autor piensa, ¿cómo puede un científico serio y responsable hacer este último razonamiento?.

La remota posibilidad de que desaparezcan la enfermedades y la guerra, (bajo el humilde punto de vista del autor) podría caber, mas evitar la muerte es algo que se sale de todo contexto lógico y de toda mente equilibrada. El autor, en este punto discrepando de la opinión (aunque la respete) de esos científicos, prefiere no cifrar ninguna esperanza antes que confiar en algo que creo que sería falso. Y después de esto, pienso ¿en qué se basan estos científicos, unos y otros, para decir que el Universo pudiera estar lleno de mundos habitados?.

El autor de este manual ya está deseoso de que los científicos se desengañen y empiecen a ver la verdad de esa especie de ciencia ficción que les tiene tantos años absorbidos sin sacar de sus ideas (que serían tan valiosas en otros campos) ninguna conclusión. Estos científicos ya debieran de haber abandonado la NASA, (que sólo se ocupa de explorar el espacio), para pasar a tratar de resolver los problemas que nos acucian, problemas que hay en la Tierra y que además son de gran trascendencia. ¿Qué intereses les llevan a los gobernantes (conjuntamente con estos científicos), a programar programas que cuestan cientos de miles de millones, para después ver a dos hombres dando saltos sobre la superficie de la Luna, o ver cómo estalla y arde el Challenguer con sus tripulantes?. Ahora se comenta que la próxima expedición será a Marte, mas yo me pregunto ¿para qué? ¿qué beneficios encuentra nuestra sociedad con este experimento?. Pienso que ninguno. Los científicos se contradicen. ¿Por qué?. Primero dicen que el único planeta cuyas características no son hostiles a la vida, es el planeta que nosotros habitamos y después no tienen inconveniente en sacrificar su intelecto y mucho dinero, para no tener ninguna repercusión, al menos ninguna repercusión beneficiosa. Ir a Marte ¿para qué?. Ir a Júpiter ¿para qué?. Los astrónomos de SETI ya están cansados de comentar siempre la misma expresión: "se ha buscado mucho y no se ha encontrado nada". Son ya varios los científicos que empiezan a darse cuenta de que en el Universo no hay más forma de vida que la nuestra.

Mientras hacen este comentario los astrónomos de la SETI de: "se ha buscado mucho y no se ha encontrado nada", otros científicos están convencidos de que sí, de que en el Universo tiene que haber vida, y pensando así, en esto se afanan para ver si su teoría tuviera éxito siendo la verdadera. Los científicos, dado su alto nivel de conocimientos, a veces piensan cosas extrañas, unas veces aciertan y otras no. Por esto, entre unos y otros, la controversia que existe es tan grande. Por otra parte, la ilusión que estimula la imaginación de estos científicos, es el deseo de poblar y explotar (si fuera posible) otros planetas. George Henri Elias, escribe en su libro "Breakout into Space" (Penetrar en el espacio); "la construcción de una civilización interplanetaria es esencial para la supervivencia de nuestra especie; actualmente los humanos ocupamos todo el planeta y ya es hora de avanzar hacía un hábitat más grande". Nos espera un Sistema Solar vacío. La mira inmediata de este escritor está puesta en el planeta Marte. Otra persona que está convencida de que el hombre debe de ir a Marte, es

Michael Collins, ex-astronauta que pilotó el Geminis X en 1966, y después el módulo de mando del Apolo II para ir a la Luna; dice este astronauta que le parece que Marte es un lugar favorable accesible y hasta habitable.

¿Cómo es posible que todos estos hombres de ciencia, estén tan entusiasmados e ilusionados en explorar el espacio, teniendo todavía más del 80% de la capacidad literal de nuestro planeta sin descubrir?.

Ahora, los norteamericanos, quieren estudiar a través de una sonda llamada Near, al asteroide Eros. Para conseguir esto, esta sonda habrá de recorrer la nada despreciable cifra de 8.000 millones de kilómetros, y el autor se pregunta ¿y este experimento qué beneficios va a reportar a nuestra sociedad?. Tanto derroche de energías y de dinero ¿para qué?. Los Estados Unidos de América después de ver en 1961 a los rusos dando vueltas a la Tierra con Yuri Alekseievich Gagarin, (siendo el primero que viajaba por el espacio en la cápsula espacial Vóstok I, por un tiempo de 108 minutos y recorriendo en este tiempo 40.900 kilómetros alrededor de la Tierra, y con el añadido de otro gran éxito soviético en 1963, cuando Valentina Vladimirorwa Tereshekova, se convertía en la primera mujer que daba 48 vueltas alrededor de la Tierra), como digo anteriormente los americanos del Norte no sabían qué hacer.

Desde 1959 los científicos de la NASA habían estado estudiando la posibilidad de realizar un alunizaje. Solicitaron permiso para construir una nave que se llamaría Apolo. Sin embargo, el presidente Eisenhower no aprobó dicha solicitud. ¿A qué se debía esta negativa?. Según el presidente el costo del proyecto estaría entre 34.000 y 46.000 millones de dólares de Estados Unidos de América, y esto no iba a revertir en la aplicación de conocimiento científico lo suficiente como para justificar tal inversión. Eisenhower dijo a la NASA que no aprobaría ningún proyecto que tuviera el objetivo de aterrizar en la Luna. Después de mucho batallar, los científicos cifraron su única esperanza en el más que probable nuevo presidente John F. Kennedy.

Kennedy, cuando llegó al poder, puso ante los científicos estadounidenses la confirmación de sus pretensiones, que eran enviar un hombre a la Luna antes que los rusos. Este deseo lo consiguió Kennedy ya que en julio de 1969 Neil Amstrong y Edwin Buzz Aldrin dejaron las primeras huellas humanas en suelo lunar.

Wendell Marly, ingeniero electrónico que trabajó en el sistema de dirección y navegación del Apolo, dijo a la revista "Despertad": "Había un verdadero sentimiento de rivalidad contra la U.R.S.S. y para muchos de nosotros, de los ingenieros con los que yo trabajaba, este sentimiento nos servía de incentivo. Nos enorgullecía cumplir con nuestro deber en el proyecto de enviar un hombre a la Luna antes que Rusia. Muchos de nosotros, sigue diciendo este ingeniero, trabajábamos horas extraordinarias sin cobrarlas para poder terminar el proyecto en el plazo previsto".

Después de este espectacular trabajo de ir a la Luna, vinieron las naves espaciales hasta el extremo de salir de nuestro Sistema Solar. Fue el Pioner X, mandado a Júpiter en 1972 el que con sus generadores de energía nuclear, estaría muchos años mandando información a la Tierra. Nicholas Booth, escribe en la revista "New Scientist" que los científicos de la NASA esperan poder efectuar el seguimiento de la nave hasta el año 2.000. Con esto podría decirse que esta ha sido la misión interplanetaria de mayor éxito de la historia. A continuación se lanzó el Pioner XI, que pasó de Júpiter y continuó hasta Saturno. Sobre la base de lo conseguido por estos Pioner, la NASA construyó las naves espaciales Voyager I y Voyager II. Existe un sistema de seguimiento llamado Deep Space Networt que dispone de antenas parabólicas de un radio de 64 metros de diámetro, situados en España, Australia y Estados Unidos, con los que se van captando de forma alternativa según el movimiento de rotación de la Tierra, las señales procedentes del espacio profundo. Dicho sistema ha permitido captar con exactitud las señales de radio emitidas por las naves espaciales.

Parece ser que el incentivo de la exploración espacial continuará, siendo una pregunta intrigante que ha despertado la curiosidad del hombre durante siglos. La pregunta es esta: ¿Existe vida inteligente en alguna otra parte de este vasto Universo?. Astrónomos y escritores han especulado y siguen

especulando por mucho tiempo con la posibilidad de que
hubiera vida en algún planeta en especial en Marte (llamado
el planeta rojo). ¿Que han demostrado a este respecto los
vuelos espaciales recientes? En los años 60 y 70 se recibían
fotografías de Marte tomadas por la serie de sondas
espaciales Mariner. Más tarde, en 1976, los vehículos Viking
I y Viking II se posaron sobre la superficie de Marte y por
increíble que parezca, enviaron información a la Tierra
respecto a la superficie de aquel planeta. ¿Cómo se obtuvo
esa información? Mediante un laboratorio químico y biológico
automatizado ubicado en el vehículo de aterrizaje. Se
recogieron muestras del suelo con un brazo de muestreo
introduciéndolas en la nave para ser analizadas en el
laboratorio robotizado de su interior. ¿Se encontró alguna
forma de vida?. ¿Qué revelaron las fotografías y los
experimentos?. Frente a otras cualificadas declaraciones,
Bruce Murray (autor de artículos de ciencia espacial) explica:
"No había ni matorrales, ni hierbas ni huellas ni ningún otro
indicio de vida que atenuara la aridez de este terreno
geológicamente fascinante". A pesar de hacer la
investigación más cuidadosa de las antedichas muestras
recogidas del suelo, no se detectó ni una sola molécula
orgánica. El suelo de Marte es mucho más estéril que
cualquier entorno desértico de nuestro planeta. Es muy
probable que en Marte no haya habido vida en por lo menos
los últimos miles de millones de años.

De toda la información recibida mediante la exploración
planetaria, Murray sacó la siguiente conclusión: "Estamos
solos en este inmenso sistema solar". La tierra es el único
lugar donde hay agua. La tierra es el único oasis en el
inmerso espacio que supone toda la grandiosidad del
Universo. No hay ninguna base con argumentos para creer
que tenemos parientes en Marte, ni en ningún otro lugar de
este sistema solar.

Con Venus sucede algo muy parecido. ¿Qué hay en
Venus?. Aunque Venus tiene aproximadamente el mismo
tamaño que la Tierra, es un planeta inhóspito para el ser
humano. El astrónomo Carl Sagan lo llamó "un lugar
terriblemente desagradable". Sus nubes más altas contienen

ácido sulfúrico y su atmósfera se compone principalmente de dióxido de carbono, sigue diciendo Carl Sagan que la presión atmosférica en la superficie de Venus, es 90 veces superior a la de la Tierra, una presión equivalente al peso del agua a 1000 metros de profundidad. Hay otros aspectos en los que Venus difiere de la Tierra. En su libro Cosmos, Carl Sagan, dice que Venus gira hacia atrás, "en dirección opuesta a la de los demás planetas del sistema solar interior". En la superficie de Venus las temperaturas son de unos 480 grados centígrados, o como dice irónicamente Sagan, más altas que las del horno casero más caliente. Desde 1962 Venus ha sido explorado por diversas sondas Mariner y Pioner.

La NASA, Organización para la Exploración del Espacio y de los Planetas, se creó en 1958. Su intención era la de conquistar el espacio para una hipotética guerra intergaláctica, para inspeccionar el espacio y para ganarle la acción a la antigua Unión Soviética. Esta ya no es adversario, su economía y su desorientación política son razones más que suficientes para contar con ella si acaso como colaboradora por si pudiera aportar algo; por otro lado, seres extraterrestres no hay. ¿Con quién vamos a pelear en el espacio?. Por otra parte, si ya con los Pioner, los Mariner, los Voyagers, los Vikings, la nave espacial Magallanes, con satélites, ondas extragalácticas y fotografías, ya han explorado Marte, Venus, Júpiter y Saturno, ya sólo les queda montar como quieren una estación espacial (no saben dónde), ¿en la troposfera, en la estratosfera, en la mesosfera, en la termoesfera, en la ionosfera o en la exosfera?. Sólo la estación espacial le va a costar a la NASA la nada despreciable cifra de 50.000 millones de dólares; la estación espacial Freedow (que así se llama) va a ser para los Estados Unidos como su tumba económica, toda vez que para poner esa estación espacial en su lugar, se calcula que un transbordador tendría que realizar al menos 200 vuelos para transportar pieza por pieza, resultando esta operación excesivamente cara. Aunque el autor se haga muy repetitivo, (pienso que tiene que ser así), se vuelve a preguntar: ¿Todo este gasto para qué va a servir?. Esto estaría bien si en nuestro planeta Tierra, estuviera ya todo resuelto, pero con el cúmulo de problemas que tenemos, especialmente económicos, ¿para qué tanto gasto superfluo e innecesario?, ¿qué beneficio se ha sacado con tanto trabajo y tanto dinero puesto en la operación NASA?. ¿Qué beneficio se ha sacado a tanta ciencia malgastada?. Si el dinero, la energía humana y la inteligencia que han gastado los países adelantados, especialmente los Estados Unidos de América, en artilugios como naves espaciales y satélites, o en armas atómicas o estratégicas, lo hubieran gastado en averiguar el origen genético de algunas enfermedades en especial el cáncer, probablemente la ciencia ya hubiera vencido tan terrible enfermedad. Y si ese malgastado dinero se hubiese puesto al servicio del generoso y solidario bienhacer de erradicar el hambre del mundo, probablemente no tendríamos que bajar los ojos cuando vemos en televisión esas caras famélicas, con ojos que no miran a ninguna parte de esos niños de Etiopía, de Ruanda, de Somalia, de Burundi, de Sierra Leona o de cualquier otro lugar, que azotados por la guerra y por el hambre nos están diciendo: "racistas, ¿donde está vuestra solidaridad?".

Cree el autor que es inaudito, que las Naciones Unidas no intervengan para paralizar ese derroche de dinero y viendo que esto es así, pienso que éste es otro sensible talón de Aquiles de esta Organización Internacional y otra gran flaqueza.

DERECHOS HUMANOS

¿Qué creen los mandatarios que son los Derechos Humanos?. ¿Qué se habrán imaginado estos ilusos señores que son los Derechos Humanos?. El respeto a los Derechos Humanos, pienso, que no es solamente el mal trato que pueda dar un agente de la autoridad a un presunto delincuente, ni tampoco se limitan los Derechos Humanos a que aceptemos como compañero de trabajo a un negro, verde o amarillo; los Derechos Humanos, señores mandatarios de las naciones y de las Naciones Unidas, van más allá de todo esto. Los Derechos Humanos son los derechos del hombre, ¿y cuáles podrían ser esos derechos?, pues todos los derechos que a un ser humano se le deben proporcionar. ¿De qué Derechos Humanos hablan ustedes, de los Derechos Humanos de aquél que vive en la miseria, o de los de tantas gentes que derrochan el dinero?. ¿De qué Derechos Humanos hablan ustedes?. ¿De los Derechos Humanos de esa niña que tiene que ir a las seis de la mañana a limpiar despachos y escaleras porque siendo huérfana y estando su madre enferma no pueden vivir con las miserables 40.000 pesetas que les han quedado de pensión?. ¿O hablan ustedes de los Derechos Humanos de los legales pero inmorales sueldos de tantas y tantas gentes que podrían vivir de las economías que generaran sus grandiosos patrimonios?. ¿Dónde están los Derechos Humanos de los que no tienen dónde comer o cobijarse?. ¿Dónde están los Derechos Humanos para esas madres que ven morir de hambre a sus hijos sin poder hacer nada?. Hay demasiada demagogia y demasiado cinismo en este nuevo orden tan incongruente, tan injusto, tan desordenado y tan inmoral.

El autor no justifica para nada ni el delito ni la violencia, ¿pero acaso ustedes no están usando la violencia pacífica?, ¿no se dan cuenta ustedes de que su proceder, su comportamiento hace germinar en mentes jóvenes e inmaduras el deseo de la venganza?. Ustedes, señores mandatarios de las naciones y de las Naciones Unidas, ¿no se han parado nunca a pensar cómo viven los pobres?, ¿ustedes no se han parado nunca a pensar lo mal distribuida que está la riqueza?. El autor se pregunta: ¿hacen algo los respectivos gobiernos de las Naciones Unidas para que todo esto se dulcifique?. No se culpen ustedes de este crimen; no quiero que se culpe nadie ya que es un crimen del sistema.

Un joven de 16 años, tiene un hermanito y a su padre enfermo. Su padre cobra de pensión por enfermedad 48.000 pesetas. La mitad de esa cantidad se desvanece en gastos que lleva la casa alquilada. Este joven está sin trabajo, quiere trabajar y no encuentra nada con lo que poder ganar honradamente el dinero que necesita para sacar adelante a su padre y a su hermanito. No encuentra trabajo, sale a pedir a la caridad pública y recoge cuatro monedas, con esto marcha a casa. Así un día y otro día, y otro, y otro. No hay suficiente para cubrir los incontables gastos de la casa. El alquiler, el recibo del agua, el de la luz, el gas, la situación se hace insoportable, insostenible, asfixiante, el joven pierde los nervios y un día cualquiera, cuando llega la noche sale de su casa sin decir a dónde va. Busca un lugar oscuro y poco transitado y a la primera persona que pasa por allí se le abalanza y sin tener ninguna intención, en el forcejeo sucede lo peor... El joven quería trabajar. Los gobernantes y el sistema lo llevaron a aquel lugar...

Este caso que acabo de comentar se puede dar en cualquier parte y en cualquier situación análoga. ¿Razones?, pues porque el nuevo orden impuesto por los poderes públicos conlleva a muchas de estas situaciones. Lo aclaro. La Frase suena muy bien porque es muy bonita. "Estado del bienestar". ¿Pero quiénes son los que disfrutan de ese estado del bienestar?. ¿Ustedes los gobernantes y los hacendados se han parado alguna vez a pensar en esto?. El estado del bienestar se ha creado para ustedes, para unas élites de personas de los países occidentales, Australia, Japón y los países petrolíferos del Oriente Medio. El autor no cree necesario especificar cuáles son las personas que acceden a ese estado del bienestar ya que es harto conocido por todos. Ustedes, los gobernantes todos, unos de una forma y otros de otra, han arreglado las cosas, cada cual en su propio país a su manera, de forma que de la buena impresión de que todo el mundo vive bien, aunque esto no sea así.

Los gobiernos y el capital se han dado cuenta de que ya no puede haber revolución, de que las clases obreras carecen de personalidad propia y son incapaces de aglutinarse para formar un frente con el cual poder hacer valer sus derechos. Por otra parte el obrero hoy, más tecnificado y cualificado, no pasa hambre, el campesino tampoco (y cuando no se pasa hambre, ya casi todo lo demás se da por bien empleado) y el estudiante desidealizado, ha dejado de ser un peligro para el capital que campa por donde quiere.

Por tanto, los gobiernos del color que sea, se unen al capital y los dos juntos, sabiendo que todavía hay poderes fácticos que podrían desestabilizar el sistema, con unas muy generosas consideraciones les atraen hacia su parcela en donde todos juntos hacen y deciden los destinos del mundo. Por esto, no se mueve nadie. ¿Quién se va a mover?. Obreros y campesinos que no pasan hambre, estudiantes sin ideas y escépticos, (aunque no tengan trabajo les da igual, papá los mantiene); y esa nueva clase que forman los jubilados conformes con lo que les den. Ustedes han sentado las bases para que nada cambie, para que nada se modifique. Este nuevo orden mundial que han creado ustedes puede que les tenga satisfechos ya que hay algún político, que con mucha frecuencia enfatiza la frese del "Estado del Bienestar". Esta frase es en el fondo harto demagógica, ya que como he dicho anteriormente sí que es cierto que hay gentes, que hay, personas las cuales han alcanzado esta situación. ¿Pero cuántas son estas personas?. ¿Y quiénes son estas personas?. El autor, cuando se para a razonar esa frase, se da perfectamente cuenta del cinismo que encierra en sí misma, pues no veo para nada algo en común entre los miembros del Fondo Monetario Internacional y una familia en donde el marido está parado, con tres hijos y una esposa que mantener. Imagínense la ansiedad del marido y la fatiga mental de la esposa cuando tenga que preparar la mesa.

Tampoco veo para nada algo en común, entre los altos funcionarios de cualquier Organización, como la O.N.U., la OTAN, la CEE, la OEA, el BM o la Trilateral con los millones de personas que están pasando hambre. Y para colmo; cuando comparo patrimonios de miles de millones, con gentes que duermen en la entrada del metro, sueldos de prestaciones sociales, inválidos, viudas, parados, sueldos base, aquí tampoco veo para nada la celebre frase del estado del bienestar.

Por todo esto pienso, que los talones de Aquiles de las Naciones Unidas no se acaban, ya que ve cómo en sus propias barbas se regodea la injusticia y la inmoralidad no haciendo nada por evitarlo.

Todo esto que acabo de comentar no se debía de dar ya en las postrimerías del siglo XX, ya que hay gentes, más que suficientes, para que haya organización con justicia. Espero que cuando salga este libro ya hayan hecho lo inimaginable para que haya llegado hasta estas pobres gentes que he mencionado el tan beneficioso "Estado del bienestar".

PEARL HARBOUR

En este relato hay algo inexplicable que dejo a criterio del lector, ya que hay muy pocas pruebas que evidencien lo que pareció ser una autentica realidad. ¿Sabía el presidente de los Estados Unidos, Roosevelt, que Pearl Harbour iba a ser atacada por los japoneses?. ¿Y si lo sabia por qué no puso en estado de alerta a la flota más grande de los Estados Unidos, (quizás del mundo,) que estaba desplegada en las aguas del Océano Pacífico?. Esto son incógnitas que quizá nunca nadie podrá desvelar.

¿FUE PEARL HARBOUR UNA EXCUSA?

En la noche del 6 de diciembre de 1941, el mayor general W.Short, comandante en jefe de las fuerzas armadas de Hawai, abandonó el club de oficiales de Pearl Harbour; al salir a la calle le detuvo un oficial de la II Sección: "Señor, le dijo, debo entregarle un mensaje del Departamento de Comunicaciones". Short hizo con la mano un además indicándole que le siguiera. La noche estaba tranquila, sólo el murmullo de las conversaciones procedentes del club rompían el silencio.

El oficial parecía inquieto y Short sin dejar pasar más tiempo le dijo al oficial: "Suelte usted ya lo que sea". El oficial le dijo: "Mi general, el cónsul japonés ha estado manteniendo largas conversaciones telefónicas con Tokio, se han cruzado frases curiosas, sin duda habrán sido frases a base de palabras convenidas ya que no hemos podido descifrar su significado". El general se quedó pensativo dadas las circunstancias tan especiales que rodeaban las relaciones diplomáticas de Washington con Tokio, comentando: "Espero que alguien se ocupe de descifrar el significado de ese mensaje". El oficial se marchó y el general consultó su reloj, ya era demasiado tarde, (a la mañana siguiente mantendría una charla sobre este asunto con el almirante Kimel, que era jefe de la flota americana en aguas del Pacífico).

"No será demasiado importante", pensó Short, "ya que de ser así, los servicios secretos estadounidenses les habrían informado previniéndoles, tanto a él como al almirante Kimel". Esto pensaba el general, pero estaba en un grave error, estaba muy lejos de imaginar lo que tendría que suceder al día siguiente.

La catástrofe militar más grande de los Estados Unidos estaba a un paso de consumarse, ya que a las siete de la mañana del día siguiente, en la sala de radar de Opanas, situada en un extremo de la isla de Oahu (Hawai), el soldado Elliot no puede apartar los ojos de la pantalla. ¿Tú ves esto? pregunta a su compañero Lokhard. ¡Claro que lo veo!, exclamó éste con nerviosismo.

En el borde del circulo luminiscente, en lo más alto de la pantalla, la línea luminosa acababa de mostrar una serie de manchas, todavía confusas, pero bien alineadas. Aquella ordenación geométrica destacaba una perturbación en el aparato radioeléctrico.

A pesar de ello, llegó un momento en que se distinguió el fenómeno. "¡Son aviones!. ¡No cabe duda!. La imagen se hace cada vez más clara. ¡Rápido!. ¡Da la alarma que se nos vienen encima!", gritó uno de los soldados.

De las 31 baterías antiaéreas de tierra que tenían los americanos sólo cuatro estaban en posición, y únicamente la cuarta parte de los 180 cañones antiaéreos de la flota, contaban en aquellos momentos con su dotación. Los nipones habían escogido bien el día: domingo. Los habitantes de Oahu no estaban acostumbrados en domingo a ver maniobras militares ni a los simulacros de fuego de artillería. Hasta el vicealmirante de la Armada Willien S. Pie, miró por la ventana de su habitación y sorprendido dijo a su esposa: "Qué raro que el ejército haga practicas de tiro un domingo por la mañana". La mañana era la del 7 de diciembre de 1941.

Al General W. Short no le había dado ni siquiera tiempo de poder hablar con el almirante H.E. Kimel, ya que éste recibió sorprendido un comunicado por cable de la inminencia del ataque. Se quedó perplejo y al reaccionar sus sentidos no captaron nada más que el zumbido de los bombarderos que estaban destrozando la Flota. El cielo estaba lleno de aviones. Los 183 aviones japoneses que componían la primera ola de ataque, al mando del comandante Mitsuro Fuchida, no le iban a dar tregua.

La alarma dada por los soldados de la sala de radar de Opana ya llegaba tarde, porque en pocos minutos las instalaciones y pistas de Kaneche, Ford Island, Bellows e Hickan habían desaparecido.

La segunda ola de ataque de los japoneses, con 187 aparatos, completaba la obra destructora. Los acorazados California, Arizona, Oklahoma, West Virginia, Nevada, Mariland, Tennesse y Pensylvania habían quedado totalmente destrozados; además de estas perdidas había que añadir el hundimiento de 19 navíos de guerra mas 188 aviones destruidos con 159 averiados y 4575 bajas entre muertos y heridos.

Las pérdidas japonesas fueron 29 aviones abatidos y 55 aviadores muertos.

Lo que no ha comprendido nunca el autor, por mucho que se haya escrito sobre Pearl Harbour, ha sido ¿como en una situación de guerra (el mundo estaba en guerra), una nación cómo Estados Unidos tiene a su mejor flota, que era la flota del Pacífico a merced de enemigo tan peligroso en aquellos días como era Japón? ¿No tenían los militares de la flota de Pearl Harbour unos servicios de contraespionaje para saber de los movimientos de Tojo, Yamamoto y Nagumu?. ¿Tampoco conocían nada de esta operación llamada "Clave

Púrpura", Roosevelt, presidente, Marsall responsable del ejército o Stark, responsable de la Marina?.

Se le hace muy difícil al autor aceptar, que una agrupación de fuerzas tan grande como son 6 portaaviones se pudieran acercar a 300 kilómetros de la isla, sin ser detectados ni siquiera por los radares, por ningún avión de reconocimiento, ni por el servicio de contraespionaje de Norteamérica.

Según Pastor Petit, los espías japoneses situados en las Islas Hawai y en las costas americanas del Pacífico, habían hecho posible el ataque a Peal Harbour y la destrucción de la "Pacific Fleet".

Tokio explotó la victoria a fondo, ya que lanzó un ataque súbito y violentísimo sobre China, Indonesia, Filipinas, Malasia y Thailandia.

Hoy, a medio siglo de tales hechos, la actitud que adoptó el presidente Roosevelt todavía es un misterio, a no ser que se acepte la versión más difundida de que con su silencio e inacción, tratara de inflamar a la opinión americana, que no estaba de acuerdo en aquellos momentos en actuar contra el eje Berlin-Roma-Tokio. Mas, después de este ataque, los Estados Unidos, reaccionaron violentamente al ver que sus famosos navíos habían quedado en estado de indulgencia y a partir de aquí, gobierno y pueblo se fundieron para con la frase de "Recuerden Pearl Harbour" entrar en la contienda con gran espíritu de lucha para defender el honor de los Estados Unidos. Roosevelt, (se ha comentado mucho), había sentido grandes deseos de entrar en la guerra junto con las democracias, mas tropezó siempre con el aislamiento y la indiferencia del país americano. Después del ataque japonés toda la nación americana estuvo dispuesta a ponerse de parte de su presidente, para ayudar a las potencias aliadas que luchaban enconadamente contra las fuerzas de Hitler, Mussolini y Tojo.

Ahora bien, lo indudable, lo cierto, fue que Kimmel (comandante en jefe de las fuerzas estadounidenses en aguas del Pacífico), no fue alertado por nadie del ataque que tendría que sufrir por parte de los japoneses con la operación denominada "Clave Púrpura".

ERA NECESARIO TANTO HORROR

Mientras que la consigna "recuerden Pearl Harbour" atrae a la memoria de algunos americanos recuerdos amargos, los japoneses evocan sus sufrimientos con la exclamación ¡Basta de Hiroshimas!. Las bombas atómicas que cayeron sobre Hiroshima y Nagassaki, tuvieron un efecto traumático no sólo en las víctimas directas sino también toda la nación. Por años ha sucedido lo mismo. Exactamente a las 8,15 de la mañana, un silencio cae sobre la multitud reunida sobre el Parque de la Paz en Hiroshima. La multitud guarda un minuto de silencio en memoria de aquel momento catastrófico de hace 50 años. El 6 de agosto de 1945 una bomba atómica llamada "El Chiquillo" era lanzada desde un avión norteamericano y explotaba sobre Hirosima. En un instante la ciudad quedó devastada y unas 80.000 personas perdieron la vida. Tres días después, otra bomba atómica destruía la ciudad de Nagassaki matando a otras 73.000 personas.

Quién recuerda y relata algo de aquello todavía se horroriza: Una gran explosión, una luz deslumbrante y cegadora, con cuerpos ardiendo, hechos jirones, sangrando y con el rostro desfigurado, cadáveres por todas partes y ayes desgarradores de los heridos que rompían el silencio de aquel inmenso sepulcro. ¿Todo aquello fue necesario? ¿O fue la venganza por lo de Pearl Harbour?. ¿O tal vez quiso el presidente norteamericano Truman impresionar al más que probable enemigo Stalin?. Mas fuera lo que fuese, lo bien cierto es que el correctivo que Estados Unidos infringió al Japón con estas dos bombas atómicas, cualquier persona medianamente normal pensará que fue demasiado. Dice Nabugo Fukushima, que recuerda bien su experiencia del horroroso estallido de la antedicha bomba: "Estaba limpiando las escaleras de mi casa cuando repentinamente un brillante destello y una terrible explosión me dejaron inconsciente. Cuando recobré el conocimiento pude oír a mi madre que gritaba pidiendo ayuda. La casa ya estaba en ruinas, parecía como si hubiera pasado por allí un terremoto Cuando pudimos salir de la casa y marchamos hacia el río, vi a muchos niños junto a sus padres con la ropa hecha jirones y pegada a su sensible piel. No podría entender por qué tenían aquellas quemaduras tan intensas"

"Cuando nos llevaron al hospital, éste estaba lleno de gente, unos tenían el rostro cubierto de sangre, a otros la carne le caía a tiras, el cabello de muchas de estas personas estaba erizado, otros que tenían fragmentos de madera y de vidrio incrustados en el cuerpo gemían profundamente. Todos estaban suplicando que les diesen agua, mas cuando ésta les llegaba, muchas de estas personas ya no lo necesitaban, habían muerto.

"La ciudad había quedado calcinada, en donde sólo aquí o allá quedaba en pie una pared de hormigón que se desmoronaba. Por las noches se hacían fuegos a la orilla del río en donde se incineraba a los muertos. Recuerdo reviviendo aquellos desesperados momentos el resplandor rojizo de las llamas desprendiendo un olor desagradable a carne quemada", dice Nabuga.

Otro relato de Hiroshima fue el de Togimi Hironaka (soldado enviado para ayudar inmediatamente después del estallido de la bomba). Aunque había sido militar por muchos años, lo que este soldado vio en Hiroshima le hizo ver claramente el horror de la guerra. El soldado comenta, que la carretera estaba repleta de camiones cargados de heridos. Las personas que todavía podían caminar se tambaleaban a lo largo de la orilla de la carretera. Muchas de estas personas estaban casi desnudas con sus carnes quemadas. Por todas partes había cadáveres amontonados con la piel al rojo vivo. Las orillas del río estaban llenas de gentes que trataban de aliviar su dolor producido por las inmensas quemaduras rojas que rodeaban su cuerpo. Entre estas gentes vi a una madre "dice Togimi Hironaka", llena de quemaduras rojas tratando de amamantar a su bebé también gravemente quemado. Recuerdo que el intenso sentimiento que me embargó me hizo exclamar: "¡Detesto la guerra! ¡Detesto la guerra!".

El autor cree que habría muchas experiencias sobre el desastre de estas dos grandes ciudades Hiroshima y Nagasaki, pero lo que el autor desearía al difundir estos relatos, es el que la especie humana tomara conciencia del horror que produce la guerra y se hicieran esfuerzos para que ésta no tuviera lugar en ningún sitio del mundo por muy lejano que éste fuere.

Las experiencias vividas en tantas ocasiones y en tantos lugares, no se deberían dar ya más ni una sola vez. Yo odio la guerra, como casi todo el ser humano odia la guerra. ¿Entonces a quién le interesa la guerra?. ¡No más Hiroshimas! ¡No más Nagasakis! ¡No más Coreas ni Vietnam! ¡No más Líbanos ni Orientes Medios! ¡No más Yugoslavias! Mi grito es de que se destruyan desde ya todas la fábricas de armamentos.

¿POR QUE NO SON LAS NACIONES UNIDAS LAS QUE DOMINAN?

El autor se pregunta ¿para qué tenemos a las Naciones Unidas?, ¿para alargar los conflictos?. Yo pienso que las Naciones Unidas no deben estar solamente como órgano de representación, yo pienso que su misión es la de garantizar la paz y la seguridad con todas las consecuencias. Las Naciones Unidas deben ser un Organo de decisión. A mí personalmente me molesta notoriamente el que sean otros países, y en especial Estados Unidos de América con su presidente, y no sean las Naciones Unidas con su Secretario General quien dé solución a los problemas. Bienvenidas las soluciones, vengan de donde vengan pero ¿por qué tiene que ser el expresidente de Estados Unidos Jimmy Carter el que solucione el problema egipcio-israelí? ¿por qué no solucionó este contencioso el entonces Secretario General Kurt Waldeheim?. El encuentro en Camp Davi (Estados Unidos) entre Jimmy Carter, expresidente estadounidense, junto a M. Begim, exprimer ministro israelí, y Anwar Al-Sadat, expresidente egipcio, les valió el Premio Nobel de la Paz a Begim y a Sadat por su tolerancia y buenos deseos.

Esto está bien, pero las soluciones en conflictos entre las naciones las deben resolver las Naciones Unidas.

En la invasión de Kuwait por Irak ¿por qué tuvieron que ser el presidente norteamericano George Bush y sus colaboradores y no Boutros Gali, Secretario General de las Naciones Unidas, el que llevara el mando en la operación "Tormenta del Desierto"?.

Otra cuestión a solventar ha sido el conflicto de la antigua Yugoslavia. Muchas Naciones Unidas para no solucionar nada, cuatro años de conflicto y no se llega a ninguna solución. Ayuda humanitaria, campos de refugiados, pero la guerra sigue. Muertos, violaciones, familias sin hogar, hambre, fosas comunes y frío, calamidades y nadie soluciona nada, mas un día llega que el presidente de Estados Unidos Bill Clinton se acuerda de que en Europa hay un país en guerra que se llama Yugoslavia y entonces consulta con Gran Bretaña, Francia y Rusia y concluye en una reunión, en la que toman los acuerdos de un ataque aéreo a los serbios. En cuatro pasadas, hacen que el secretario norteamericano se persone en la zona y en unas conversaciones con serbios y croatas en pocos días llega la paz. ¿Qué ha pasado?. Pues que el presidente Clinton tiene la fuerza y desde esa situación negocia. (Mas para mi concepto, este comportamiento de los Estados Unidos le quita toda credibilidad a la organización de las Naciones Unidas, ya que debían ser éstas las que tomaran los acuerdos y decidieran las soluciones).

Son las Naciones Unidas las que han de ir ganando el apoyo de todas las naciones, para que se consoliden de tal forma, que todos veamos en esta organización el mediador benefactor que resuelva todos y cada uno de los conflictos que se vayan presentando. Yo creo que las Naciones Unidas, con todos sus inconvenientes y todas sus sombras, deben ser la esperanza de un nuevo orden mundial, pero para esto han de tomar conciencia todas las naciones para arroparlas, viendo en ellas la solución que a todos nos va a beneficiar, pues, de lo contrario, estas grandes potencias inconscientemente serán las más perjudicadas.

Hoy, según parece, hay menos riesgo de una conflagración mundial. Se ve menos probable un conflicto a gran escala, pero, a pesar de todo, pienso que hay que estar vigilantes ya que el corazón de los hombres es muy traicionero y a veces este corazón puede más que la razón. Es muy importante el tener un foro como son las Naciones Unidas, para poder discutir cualquier discrepancia que pueda existir entre las Naciones. Parece ser, que los dirigentes se están dando cuenta, de que obsesionarse con la seguridad militar resultaría en una loca carrera de armamentos que probablemente no tendría fin, ya que eliminaría así, el diálogo político agravando el sentimiento de inseguridad en todas las naciones.

Parece que el espíritu de cooperación y confianza mutua empieza a impregnar a los hombres de las grandes potencias. Como ese espíritu se siga imponiendo, ya no se sentirá la necesidad de tener que mantener el mismo nivel de fuerzas armadas que sirvieron en otros momentos de fuerza disuasoria en lugares estratégicos de puntos de nuestro planeta, a no ser que el coloso país de China quisiera crear algún problema.

El muro de Berlín cayó. Alemania se unificó. En varios países de Europa Oriental se formaron nuevos gobiernos, -con la excepción de la antigua Yugoslavia- concediéndoseles a los ciudadanos libertades de las que en pocas ocasiones habían gozado. Fronteras cerradas se abrieron para intercambios culturales y comerciales y la Unión Soviética y los Estados Unidos de América han empezado a alabar a las Naciones Unidas, proclamando la necesidad de utilizar esta Organización como algo necesario en la lucha del mundo por la paz y la seguridad.

El autor piensa que naturalmente se ha mejorado, pero la historia le obliga a ser realista y por eso insiste en la necesidad de que hay que estar vigilantes. Como muy bien saben los lectores, dos veces en este siglo, la guerra convulsionó al mundo entero. Dos veces en este siglo, de los horrores de la guerra emergió la esperanza de una paz duradera.

La Primera Guerra Mundial fue un genocidio de cuatro años de muerte y devastación como el que jamás se había conocido ni visto antes Las grandes potencias del mundo y otras naciones, divididas en alianzas opuestas entraron en guerra, cada bando seguro de su victoria, animados por los vítores de poblaciones engañadas que pensaban que la guerra sería una aventura de gloria. Pero a los pocos meses de contienda, el mundo se enteró amargamente del terrible precio de la guerra y cuando ésta terminó, la matanza, la atroz pérdida de vidas y de bienes dejó al mundo temblando bajo el peso de una losa sentimental y bajo el peso de una enorme deuda de guerra. Ya un poco repuestos de la enorme pérdida ¿qué hacer para impedir que aquella locura no se repitiese? ¿por qué no crear un organismo a través del cual las naciones pudiesen resolver sus disputas por medios pacíficos en lugar de militares? ¿Era ésta una idea nueva?. Pues no. Ya antes de la Primera Guerra Mundial se había creado un Tribunal, con el fin de intentar resolver las disputas por medios pacíficos. Este Tribunal se trataba del Tribunal Permanente de Arbitraje, con sede en La Haya (Países Bajos). Durante la primera década de este siglo, muchas personas esperaban que dicho Tribunal se convirtiera en un centro en el que la mediación reemplazara a la guerra. ¿Pero qué sucedió en las conferencias de paz de La Haya (celebradas en 1889 y 1907) que condujeron a la creación de este Tribunal conocido comúnmente como el Tribunal de La Haya?. Pues que las naciones allí representadas no concordaron en ninguna de las dos reuniones en someterse al arbitraje obligatorio, ni estuvieron tampoco dispuestas a limitar o a reducir sus arsenales de armamento. De hecho rechazaron toda proposición de desarme y obstaculizaron todo plan que les obligara a utilizar la mediación para zanjar sus diferencias.

Así, cuando el Tribunal de La Haya por fin empezó a funcionar, las naciones se habían asegurado de que éste respetase su total independencia. ¿Cómo? Pues, mediante un simple recurso, las naciones allí reunidas hicieron que fuese opcional llevar un caso ante los jueces del antedicho Tribunal; además, los países que llevaran sus disputas ante este Tribunal no estaban obligados bajo ningún concepto, a acatar ninguna de las decisiones tomadas por éste. Por eso, esta recelosa forma de proteger su soberanía nacional ponía en peligro la paz y seguridad del mundo. Así, de este modo, la carrera de armamentos prosiguió sin control, hasta que finalmente precipitó a la humanidad a unos primeros disparos que acabaron con la paz del mundo a finales del verano de 1914.

Es irónico pensar, que cuando se estaban agotando los últimos minutos en las negociaciones de paz del ultimátum de Austria a Serbia, ésta, expresó su disposición a aceptar un acuerdo de paz, remitiendo esta cuestión a la decisión del Tribunal de La Haya, pero como era opcional, Austria no se sintió obligada a aceptar este posible acuerdo pacífico. De modo que se declaró la guerra, que se pagó con la muerte de más de 20 millones de personas.

LA IGLESIA Y WILSON PIDEN UNA SOCIEDAD DE NACIONES

En el mes de mayo de 1919 el obispo episcopal Chauncey M. Brewster, declaró en una asamblea diocesana en Estados Unidos lo siguiente: "La esperanza del mundo de tener una paz justa y duradera radica en que la ley de las naciones se reconstituya en una nueva y elevada autoridad. La ley internacional debe tener una autoridad mucho más vinculante que las conclusiones de la Conferencia de La Haya. Por consiguiente, la cooperación de las naciones, debe radicar en una asociación mutua que tendrá las características de un pacto o sociedad".

También el cardenal católico romano, Mercier de Bélgica era de la misma opinión: "A mí me parece, dijo en una entrevista fechada en marzo de 1919, que el deber principal de los gobiernos para con la próxima generación, es hacer imposible que se repitan los crímenes por los que el mundo todavía sangra", y animó a que se formase una Sociedad de Naciones para lograr esta meta. ¿Confiaba este cardenal en que dicha asociación se convertiría en un Organismo ideal para conservar la paz?

A la vez que la iglesia está solicitando esta Sociedad de Naciones, en la otra parte del Atlántico también hay una voz autorizada (como es la del presidente de E.E.U.U. de América), Woodrow Wilson, que en contra de la opinión de las Cámaras lucha sin amilanarse para conseguir que esta Organización se cree. Para esto recorre el país en busca del apoyo del pueblo, mas la opinión norteamericana, cansada de la guerra y llena de recelos contra Europa, no apoya a su presidente. De regreso a Washington yendo en el tren, el presidente Wilson sufre un ataque cardiaco del cual no se repondría ya. Con este acontecimiento y el desinterés mostrado por las Cámaras y el pueblo estadounidense, Norteamérica se desentiende de esta Organización, hasta el extremo de no pertenecer a ella.

También por las mismas fechas (o sea por los años 1919-1920), en la portada del periódico "The New York Times", se leía el siguiente titular: "El Papa (Benedicto XV) tiene grandes esperanzas de que se funde la Sociedad de Naciones y en su mensaje de Año Nuevo a América, en su primer párrafo, manifestó su esperanza de que de la conferencia de paz saliese un nuevo orden mundial con la garantía de la antedicha Sociedad de Naciones". (El mensaje del Papa a los norteamericanos no tuvo respuesta).

Analice el lector esas esperanzas teniendo en cuenta las circunstancias de entonces. La humanidad que había sufrido tanto y que clamaba para que cesaran las contiendas, (ya que había habido demasiadas guerras) habiéndose cobrado un precio demasiado caro. A un mundo que anhelaba tanto la paz, qué bien les estaban sonando aquellas palabras del Papa. "Que nazca la Sociedad de Naciones y que se reduzcan los armamentos, creando tribunales que eliminen y zanjen disputas, colocando la paz sobre un fundamento de roca sólida, garantizando a todos la independencia e igualdad de derechos". Si la Sociedad de Naciones hubiese realizado todo aquello no hay duda de que se habría creado un nuevo orden mundial. (La Sociedad de Naciones se creó pero no se realizó casi nada de lo que se tenía proyectado).

En teoría las metas y los métodos de la Sociedad de Naciones eran muy buenos, muy prácticos y muy beneficiosos El pacto de la Sociedad de Naciones decía que su propósito era promover la cooperación internacional, consiguiendo paz y seguridad. El autor piensa que ésta fue y seguirá siendo una difícil misión mientras las naciones no cooperen de una manera rotunda y decidida, para hacer cualquier cosa antes de recurrir a la guerra.

Dicho esto, aclaro que la Sociedad de Naciones fracasó por varias razones, una de ellas, "que cree el autor que fue la más importante" fue porque la mayoría de las naciones más grandes dejaron de reconocer el precio que se tenía que pagar para ganar la paz. Había que limitar los armamentos y esto constituía un gran sacrificio, ya que las naciones no estaban dispuestas a que esto sucediera. La Sociedad de Naciones no fue capaz de convencerles para que cooperasen en detener la terrorífica carrera de armamentos. Alemania e Italia, se salieron de la Organización y todos los llamamientos y todos los argumentos de la Sociedad, no encontraron respuesta. Estas naciones habían olvidado (demasiado pronto) la gran lección aprendida en el año 1914.

Otra cuestión importante que había que pagar por la paz, era reconocer el valor del diálogo colectivo, diálogo que habría de conducir a la seguridad de las propias naciones. El ataque a una de estas naciones debería verse como el ataque a todas ellas. Pero ¿qué sucedió cuando una de ellas, Alemania, recurrió a la agresión en vez de a la negociación?, pues que en lugar de trabajar unidamente las demás naciones para detener el conflicto, éstas se dividieron en diversas alianzas en busca de su propia protección. Estaba pasando exactamente igual que en 1914.

Otras razones importantes y "puede que vitales", para explicar el fracaso de la Sociedad de Naciones, fue la no pertenencia de Estados Unidos a esta Organización. El artículo 1.3 de la Organización, se hizo con muy buena intención pero no salió bien, ya que lo que hizo fue dejar la puerta abierta a toda aquella nación que deseara salirse de la Sociedad, abandonándola cuando y como quisiera. Las partes llegaron a ser más importantes que el todo, así fue que para mayo de 1941 ya habían abandonado la Sociedad 17 naciones. Por aquel entonces ya la artillería pesada de la II Guerra Mundial, estaba destruyendo las esperanzas de un nuevo orden y destruyendo la Sociedad de Naciones

La II Guerra Mundial ya había comenzado, mas a pesar de ser esto así, un grupo bastante numeroso de naciones estaban tan deseosas de paz, que a la vez que luchaban hablaban en las cancillerías para formar otra Organización que les garantizara la paz y la seguridad una vez concluida la contienda. Esta Organización se llamaría Naciones Unidas. Hoy, casi todas las naciones del mundo pertenecen a esa gran obra, y por tanto cada uno en el lugar que ocupa en ella está responsabilizado para que esta obra no se desmorone Esto no quiere decir ni mucho menos que todos estemos satisfechos a plenitud de la trayectoria seguida por esta Organización. Somos muchas personas las que pensamos que las Naciones Unidas son indispensables, no solamente para mantener la paz y seguridad mundial, sino también para una interminable tarea social que sólo desde dentro de esta Organización se puede llevar a cabo. Mas pensamos también que a esta Organización hay que arroparla, hay que ayudarla y en vista de que hoy ya ningún estado puede vivir a expensas de sí mismo, tendrán que colaborar todos y cada uno a que esta gran obra perdure.

Es obvio que hoy todas las naciones tienen los mismos enemigos, todas las naciones tienen que luchar contra una serie de enemigos comunes, por tanto hay que fundirse en un frente amplio para que nos sea más fácil el vencer los efectos devastadores de la contaminación del ambiente, de los efectos de las enfermedades todas, de la pobreza, del narcotráfico en todas sus vertientes, del terrorismo, del paro y de que dejen de existir las armas tanto atómicas como convencionales. Todos estos factores les obligan a todas las naciones, a buscar las soluciones bajo la sombrilla de las Naciones Unidas, o por el contrario tendrán que optar por el suicidio de la humanidad

Enfatizado lo comentado, las Naciones Unidas pueden funcionar con eficacia si sus miembros le otorgan el mandato y los estados concuerdan en delegar en la organización, voluntariamente parte de sus derechos soberanos, confiándole la realización de ciertas tareas en favor de los intereses de todos los países. Si esto se hiciera así, la voz de jurisdicción de la O.N.U. podría denunciar con autoridad a cualquier nación que amenazase la paz del mundo. Al disponer de este verdadero poder, podría reprimir de forma enérgica y rápida a cualquier posible agresor.

En la guerra del Golfo todos sabemos quién llevó la dirección, pero se hizo de tal forma que dio la impresión de que todo se hizo bajo los auspicios de las Naciones Unidas y pienso que esto fue porque muchas naciones vieron en ese conflicto la posibilidad de un conflicto generalizado de donde podría generarse un desastroso colapso de todas sus economías. Viéndolo así, viendo que las entretejidas economías de ciertas naciones podría haber significado el desplome de la economía mundial, por esto cuando se trató el tema de detener a Irak no hubo ni una sola voz en contra en toda la Organización. De modo que la gran mayoría de los países unieron sus fuerzas bajo el Orden (llamémosle entre comillas) de las Naciones Unidas, acordando el Consejo de Seguridad una serie de resoluciones para poder poner fin a la crisis por medios pacíficos y cuando éstos fracasaron, se respaldó una resolución de las Naciones Unidas para poder utilizar la fuerza.

Cuando James Beker, secretario de Estado de Estados Unidos, demandó esta resolución dijo: "La historia nos ha dado ahora otra oportunidad. Habiendo dejado ya atrás la guerra fría, ahora tenemos la oportunidad de construir el mundo en el que soñaron los fundadores de las Naciones Unidas. Tenemos la oportunidad de convertir este Consejo de Seguridad y estas Naciones Unidas en verdaderos instrumentos para la paz y la justicia por toda la tierra. Debemos hacer realidad nuestro sueño común de un mundo justo y pacifico en donde toda la humanidad se sienta segura y protegida".

LOS NIÑOS DE LAS NACIONES UNIDAS

Las palabras del anterior párrafo de James Beker suenan muy bien, ya que la idea de hacer un mundo justo es la idea y el propósito de todos los hombres de buena voluntad, pero después ¿qué pasa con la realidad? ¿qué sucede con los niños del Africa negra? Ayer murieron una cantidad incalculable de niños menores de 5 años en los países en vías de desarrollo Hoy morirán otros tantos y mañana morirán más. ¿Por qué suceden estos hechos tan trágicos si la mayor parte de muertes de estos niños podría evitarse?. Durante años, esta situación ha sido denominada "emergencia silenciosa", o "catástrofe muda". ¿Por qué?, pues porque esta desastrosa situación ha pasado inadvertida y desapercibida por el mundo en general. Si en vez de ser niños los que mueren fuesen aves o animales, ya habría más de diez millones de personas en pie de guerra para tratar de defender los derechos de aquellas pobres avecillas o animalitos. Para mitigar un poco la inmoralidad que encierran estos hechos, en 1990 se convocó una Cumbre Mundial en favor de la Infancia convocada por la O.N.U., en donde se reunieron grandes dignatarios de 159 países entre los que se encontraban 71 jefes de Estado y todos, absolutamente todos los allí reunidos, coincidieron en que la humanidad no podía tolerar el que cada día murieran tantos miles de niños. Sin dedicar mucho tiempo a considerar la desagradable pregunta de por qué se ha llegado a este desastroso genocidio, los asistentes a la Cumbre Mundial en favor de la Infancia, hablaron con confianza de futuro y votaron para que no se tolerara ni un día más esta situación. Su Plan de Acción acordó entre otras cosas, alcanzar los siguientes objetivos para el año 2000: primero, reducir la tasa de mortalidad de los niños menores de 5 años en un tercio con respecto a la de 1990, segundo, reducir en la mitad la desnutrición grave de los niños menores de 5 años en un tercio con respecto a la de 1990; tercero, procurar que en un futuro inmediato tengan acceso a agua potable todos los niños del Tercer Mundo y cuarto, proteger a los niños en circunstancias difíciles, fundamentalmente en situaciones de guerra.

Estudiado el costo adicional de estos gastos y otros programas para alcanzar los objetivos que impedirían la muerte de 50 millones de niños en la década de los 90, ha sido calculado en 2.500 millones de dólares anuales. Si esto lo miramos en términos globales sacaremos la conclusión de que no es ésta una cantidad excesivamente elevada, ya que equivale al gasto militar de un día en el mundo o a 20 veces menos que costó la nave que llevaría a la Luna a Armstrong y a Aldrin en julio de 1969, operación que le costó a Estados Unidos 50.000 millones de dólares.

El gran problema de los niños de las Naciones Unidas es la alimentación. Todos hemos visto demasiadas veces las trágicas escenas de niños hambrientos que parecen esqueletos andantes, con el vientre hinchado, los ojos sin vida y la mirada perdida en el vacío. Estos patéticos niños representan tan sólo la punta del iceberg de la desnutrición. Por todo el mundo en vías de desarrollo hay unos 177 millones de niños de 1 a 3 años que se acuestan por la noche sin haberse echado a la boca ni siquiera un pequeño cantero de pan. La desnutrición persistente no deja que los niños alcancen su pleno potencial físico y mental. La mayoría de los niños desnutridos son débiles, indiferentes, de mirada apagada y apática, juegan menos y aprenden mal, son más susceptibles a las enfermedades, contribuyendo con estas negativas circunstancias, a llegar a esa escalofriante cifra de 14 millones de muertes infantiles que se dan anualmente en los países subdesarrollados. Además, estos niños también son las víctimas más vulnerables del agravamiento de la crisis ambiental en el mundo que les rodea. Tomando como ejemplo la contaminación del aire, un niño en reposo, menor de tres años, inspira proporcionalmente el doble de aire que un adulto, por lo tanto inspira el doble de contaminación que un adulto, igualmente sucede en si está activo. Además como los niños no tienen todavía los riñones, el hígado y los sistemas enzimáticos totalmente desarrollados, no pueden transformar las sustancias contaminantes con la misma facilidad que las transforma una persona adulta.

Por consiguiente diremos, que a los niños les afecta mucho más que a los mayores el plomo que lleva la gasolina y diferentes gases como el monóxido de carbono, los óxidos nítricos y el anhídrido sulfuroso. Esta vulnerabilidad de los niños, contribuye directamente a la muerte por infecciones respiratorias de más de cuatro millones de niños menores de cinco años en los países del tercer mundo. Muchos niños que sobreviven crecen con enfermedades respiratorias, aquejándoles ya éstas durante toda la vida.

En cualquier país de la tierra los niños son los principales perjudicados cuando los bosques menguan, cuando los desiertos crecen y cuando las tierras de cultivo demasiado trabajadas se erosionan, se agotan y producen cada vez menos alimentos. Tan sólo en Africa, la desnutrición ha atrofiado el crecimiento de más de 39 millones de niños y para empeorar el problema, existe una grave escasez de agua potable que hace, que menos niños tengan acceso a medios de saneamiento para la eliminación de residuos.

En el pasado, en una guerra la mayor parte de las victimas eran soldados, mas ahora no es así. Después de la II Guerra Mundial el 80% de los 20 millones de muertos y de los 60 millones de heridos que ha habido en los diferentes conflictos armados, han sido civiles y principalmente mujeres y niños. Hubo un tiempo, durante la década de los 80 en que cada hora morían en África 250 niños como consecuencia de algún conflicto bélico. En las guerras, es innumerable la cantidad de niños que mueren, resultan heridos, abandonados, huérfanos o tomados como rehenes. Los millones de niños que crecen actualmente en campos de refugiados se verán privados de libertad, identidad y nacionalidad. Además hay niños que son reclutados para pelear en las guerras; ¡Qué vergüenza para todos! ya que estos niños de fusil y cartuchera son víctimas inocentes de las ansias de riqueza y de poder de los mayores. Muchos de estos niños pierden la vida entre las inhóspitas montañas de cualquier lugar de los Andes. ¿Cómo puede ser esto así?, niños con mosquetones, matando y muriendo en combate ¿no será que el mundo alucina?. Además, a los niños por todo el mundo en vías de desarrollo, la pobreza obliga a sus padres a venderles por cantidades ínfimas a fin de huír del acoso del hambre Y después ¿qué les sucede a estos niños?. Pues que a algunos de ellos se les obliga a prostituirse o se les vende como esclavos para que trabajen en oscuras y sórdidas fábricas. Todo parece indicar que la prostitución infantil va en aumento, abarcando a niños y niñas cada vez menores. Tan sólo en Brasil se cree que hay más de quinientas mil prostitutas adolescentes. La pornografía infantil se cree que también está aumentando. Si el lector recapacita profundamente el problema, pensará que se hace cada vez más difícil comprender el dolor y la angustia que hay detrás de estas frías cifras. ¿Qué nos pasa que no somos capaces de captar todo el sufrimiento que encierra el corazón de esos niños y les damos soluciones adecuadas sacándoles de la miseria, de la prostitución y de la guerra?. (El autor le pide por favor a los mandos militares de las Naciones, que no haya niños soldados, ya que la gente de orden esto no lo entenderá nunca).

Hace poco tiempo, he dicho anteriormente, se reunieron en Estados Unidos para una Cumbre Mundial en favor de la Infancia. Su Plan de Acción acordó grandes mejoras para el año 2000. El autor piensa que las naciones pueden alcanzar estos ambiciosos objetivos que se han marcado en la Cumbre, ya que disponen de científicos con conocimientos, de tecnología y del dinero necesario. ¿Pero serán capaces de hacerlo? ¿Serán capaces de proteger a los niños de las calles de Brasil? ¿Serán capaces de sacar de la cárcel a los niños de Ruanda? ¿Y serán capaces de proteger los derechos humanos de los niños que son maltratados diariamente por sus progenitores? ¿Esto se podrá resolver con decisión y presteza?. Ya lo veremos.

Pienso que muchas reuniones de jefes de estado y muchas reuniones de ministros, mucho boato y protocolo, mucho hablar y mucho escribir para después de todo esto, hacer muy poco o no hacer nada. Yo veo a los niños del Tercer Mundo, condenados a morir de niños o condenados a vivir siempre dentro de un marco de miseria.

SOLIDARIDAD Y RACISMO

Solidaridad y racismo son dos vocablos que están muy de moda. Se critica mucho y con razón a las personas que son racistas, pero yo me pregunto ¿Qué es el racismo? ¿Qué es no ser racista? ¿El tener un negro de criado para al pagarle su salario darle para mal comer? ¿Es también no ser racista dejar entrar cuantas personas quieran, de otras latitudes a tu país para después no prestarles ninguna clase de atención? ¿Entrañan estas actitudes la evidencia de no ser racista? ¿Es ser racista dejar que haya pobres? ¿Es ser racista dejar que esos pobres duerman teniendo por techo las estrellas?. Y si aplicamos el racismo a la realidad, ¿qué tendremos que decir de los que duermen bajo de un puente? Y a un parado que ni cobra por estar parado ni cobra por no trabajar ¿qué calificativo le daríamos para que no ensucie la frase del Estado del Bienestar? ¿Y cómo le llamaremos al que respeta a una señorita negra y después viola a una señorita blanca?. Por otro lado, las Naciones Unidas o mejor dicho los "blancos de las Naciones Unidas" ¿no deberían demostrar más interés por los países del Tercer Mundo, mostrando solidaridad y coherencia en todo esto que está relacionado con los derechos humanos?.

Hay mucho que hacer para demostrar que todas esas frases no son sólo frases. ¿Por qué no se va a África y se les enseña a los negros a laborar sus propias tierras?, ¿por qué no se crea una zona de libre cambio, de distensión económica entre los países del Norte y los países del Sur, teniendo los artículos naturales del Sur los mismos privilegios que tienen los artículos manufacturados del Norte?. Yo, mientras alguien no me demuestre otra cosa, lo que creo es que la mayoría de los políticos, internacionalmente hablando tienen poco o ningún interés en solucionar los problemas económicos de los ciudadanos del Tercer Mundo. Muchas frases, muchas reuniones, muchas conferencias para después no hacer nada. No hay voluntad en ningún político del mundo para mitigar las desproporcionadas e hirientes desigualdades entre unas personas, "las favorecidas" y otras, "las desfavorecidas". Tiene el mundo más que suficientes años para que algo de esto ya se hubiera arreglado, pero el autor piensa que esto no tiene fácil arreglo, ya que hay demasiada codicia y demasiado egoísmo, para que alguien con autoridad normalizara esta situación.

Acapulco, Miami, las Bahamas, las Vegas, Nueva York, Cannes y otras muchas ciudades, tienen muchos encantos como para dejar de frecuentarlas El pobre y el negro, por muy buenas palabras que oigan siempre tendrán que amoldarse a su pobreza y a su color Mucha gente dice: "Yo no soy racista, pero ¿por qué tengo que dar algo de lo mío a alguien?".

Estamos viviendo una cultura en la que fundamentalmente hay que ser demócrata y no racista, pero sin hablar de dinero. ¡Para qué hablar de infelices!. Los pobres y los negros se conforman con lo que les dan. La solución ya la tienen las Naciones Unidas. La solución está en darle cuatro monedas a los defensores de los derechos humanitarios, comprar en Navidad unas cuantas tarjetas a UNICEF y justificarse con algo de ayuda a la FAO, y con cuatro acuerdos con ECOSOC para comprar 200 kilos de semillas y cuatro legones para tapar baches en las carreteras de Angola y Ruanda, y con estas ayudas todo el mundo se lava con agua bendita todas las conciencias de todos los dirigentes de las naciones más desarrolladas. ¡Viva la solidaridad! Después muchas reuniones, (que yo quisiera saber a cuánto ascienden los gastos), convenciones, actos, Comisión de los países del Mediterráneo, ministros de todas las ramas, de economía, de asuntos exteriores, la trilateral, los siete países más ricos del mundo, representantes del FMI, reuniones, reuniones y reuniones, para después ¿qué?. Yo, a las Naciones Unidas les reconozco el interés que se toman en las guerras, "aunque en alguna de ellas no estén a la altura de lo que el conflicto requiere". Les reconozco y mucho, el comportamiento de la O M S ya que ha erradicado alguna enfermedad y aliviado otras Le reconozco el trabajo ímprobo de la agencia UNICEF (sin llegar ésta a lograr los resultados apetecidos) y les reconozco la buena voluntad, que por los resultados parece que se queda en buena voluntad.

Por eso, el autor piensa que el mundo industrial, comercial, político, financiero y económico de las naciones ricas pasa olímpicamente de Somalia, Afganistán, Sierra Leona, Camerún, Sudán, y de todas aquellas naciones pobres que son legión. Yo pienso que para ser solidarios de verdad, los países ricos deberían comprometerse y responsabilizarse hasta donde les fuera posible, para allanar el camino a todos aquellos países que necesiten ayuda. De verdad, me da mucha pena y mucha rabia el que al hablar de crisis mundial solamente se comenten los países ricos. ¿Qué indica esto, que solamente tienen crisis estos países? ¿Es que los países del Tercer Mundo no tienen crisis? ¿Acaso el mundo solamente se compone de países occidentales y Japón? ¿O solamente se quiere a los países pobres para explotarlos y sangrarlos?. Esto denota un egoísmo sin límites. El autor cree que el desarrollo de los países ricos siempre ha descansado en gran parte en un intercambio desigual de sus productos con los productos de los países pobres. Ya en los años 60, cuando éstos se independizaban, parecía claro que los países subdesarrollados no estaban en disposición de obtener de sus exportaciones medios suficientes como para hacer frente a las cuantiosas necesidades de importación que precisaban para acelerar su desarrollo. Sus economías eran muy vulnerables a la subida del precio del petróleo, a las recesiones del mercado internacional y a la crisis financiera. Por ello, la crisis de 1973, "la crisis del petróleo", acabó con las ilusiones del desarrollo que querían copiar del modelo capitalista. Así en 1976 la deuda de los países subdesarrollados era de 200 012 millones de dólares. ¿Esto es solidaridad?. Esta deuda es otra de las flaquezas de las Naciones Unidas.

La deuda del Tercer Mundo es un círculo vicioso que aumentada por la especulación de los países ricos, cree el autor que no será pagada nunca. Y si estos países ricos mantienen una postura inflexible con aquellos países que su economía representa un marco de miseria, es posible que no se pagarán ni los intereses. La actual situación de marasmo económico de los países del Tercer Mundo ilustra perfectamente un gran círculo infernal.

Está demostrado que el Imperialismo, o si se prefiere mejor el Neoimperialismo, se encuentra hoy más vigente que nunca, proyectando su dominio sobre el conjunto de los países del Tercer Mundo, mediante la diplomacia, el poderío militar, el control de los recursos financieros y el control de los mercados internacionales de los productos de base, que están en manos de las poderosas multinacionales Asimismo, hoy más que nunca, los Estados Unidos aparecen como la potencia hegemónica mundial, sobre todo desde que en 1989 la crisis interna de los países del Este y la U R S.S , ha fracturado a este bloque de poder mundial.

Tampoco a la Comunidad Económica Europea y al Japón se les ve todavía lo suficientemente maduros como para igualarse en ningún orden a los Estados Unidos de América Por esta razón hoy, todos absolutamente todos los países de la Tierra, están dominados por la influencia que contiene el poderío económico, político y militar de los Estados Unidos.

Esto que acabo de comentar se vio claramente en el intento de introducirse las tropas de Irak en tierras de Kuwait. Así, George Bush, encontró en Irak la oportunidad histórica de salir una vez más en defensa, (como siempre), de quien aparece como el más débil, imponiendo a la vez su "paz romana" en el mundo y más ahora que el muro de Berlín ha dejado al descubierto la miseria y flaqueza del enemigo rojo. El presidente americano, apoyándose en el Derecho Internacional, (que dicho sea de paso no se aplica por igual en cualquier parte del mundo), tuvo la oportunidad de reafirmar su liderazgo a otros indiscutibles intereses de su gobierno, como por ejemplo el control del petróleo del planeta, la primacía de Israel en el Oriente Próximo, la reactivación económica americana, la hegemonía mundial de los Estados Unidos y la posibilidad de exigir una cierta pleitesía a unos aliados europeos, que crecidos con las expectativas de paz y distensión en el viejo continente, empezaban a organizar su propio sistema de defensa y seguridad, al margen de la O.T A.N. y a la sombra del Tratado de Roma. El presidente americano dejó clara su intención en un discurso que dio en la Unión ante el Congreso americano Este dijo· "Debe quedar claro que tras la victoria aliada nacerá un hermoso nuevo orden internacional" (Entiéndase un nuevo orden en donde a los Estados Unidos de América se les considerará como la primera y única potencia del mundo y así como consecuencia de ello se pone de relieve que hoy más que nunca el planeta está dividido entre un Norte rico y desarrollado, hegemonizado por el poderío militar de los Estados Unidos y la O.T.A.N. y un Sur pobre y subdesarrollado, cuya única fórmula de crecimiento económico que se le ofrece, pasa necesariamente por la disciplina monetaria y comercial impuesta por el FMI y los principios económicos neoliberales).

Cree el autor, que las Naciones Unidas tienen el deber de vigilar muy de cerca este problema, ya que de no ser así, en la comparación Norte-Sur seguiremos viendo la acentuación de la pobreza, el problema irresoluble de la deuda exterior y la depauperación de los recursos de los países más pobres. Con todo esto, el continente negro podría aliarse con China y una vez juntos África y China aliados y alineados será cuando a lo mejor, estos países se planteen algo, ya que Asia y Africa son dos continentes en donde la pobreza está rasgando sus carnes hasta el extremo de que tanto en Afganistán, Somalia, Yemen, Tanzania, Etiopía o Ruanda el nivel de vida no tiene medida. Africa a pesar de las diferencias de personalidad, a pesar de la diferente idiosincrasia y a pesar del color de la piel, tiene con Asia y los países de América latina muchas cosas en común, siendo una de ellas el que son naciones explotadas por el capital; siendo esto así, parece que ya no son las clases las más llamadas a hacer nada, sino las naciones que viven en una gran miseria. Por tanto, ya no se trata de que organizaciones civiles humanitarias ayuden a tal o a cual país, aquí ya de lo que se trata es de que Occidente o los países desarrollados, programen unas medidas de ayuda, de las cuales estos países se puedan beneficiar para ir mejorando su nivel de vida. Si no se hace esto así, podríamos asistir a dos probables y casi obligadas situaciones. La primera sería la actual, la que tenemos, ésa en la que parece que los países más ricos no se dan cuenta de que existen otros países en donde las gentes y en especial los niños, se mueren de hambre, mientras que la segunda situación que podríamos presenciar, sería la de una rebelión de naciones -no sé cómo- ya que habría muchas formas de rebelarse, mas lo que sí sé es que esta rebelión generaría una angustiosa situación por su dramatismo. Esto así, a primera vista, parece improbable, mas si Occidente no deja de aprovecharse y de instigar económicamente a Africa, a Asia y a los países del centro y del sur de América, todos estos países lo van a pasar muy mal Y si estos países se ven tan mal tendrán que buscar la gran solución. ¿Y cómo será esta solución? Cree el autor que muchas gentes celebrarían el que antes de que se pueda formar la revuelta, los Estados de los grandes países estudiaran detenidamente la situación mundial y con grandes dosis de generosidad emprendieran una reforma político-social profunda, una reforma histórica, una de esas reformas que reconforta el espíritu de los hombres de bien y a la vez llevan la tranquilidad y la alegría a gentes que están atenazadas y humilladas por la pobreza.

De no ser así, como ya he dicho anteriormente, las naciones explotadas podrían constituir un peligro o provocar un holocausto. Esta tesis se presenta en formas diversas y bastante abstractas en el Tercer Mundo. Ya para Mao y Lim Piao, la revolución de los pobres precedería como la revolución en China. Quiere esto decir que los países subdesarrollados, tarde o temprano procederían a su revolución a causa de la miseria fundamental que existe en estos países. Cabría también la posibilidad de que si esto sucediera, los países del Tercer Mundo (teniendo como modelo a China) fueran cercando progresivamente a los pueblos de Occidente. Así pensando en el pasado, el Tercer Mundo podría desempeñar el papel que desempeñaron aquellos bárbaros rubios que con su sabia estrategia acabaron con el gran Imperio Romano.

Yo humildemente declaro que no sé la solución, mas lo que sí sé es que este estado de cosas ni puede ni debe continuar así. Tanta gente rica y tanta gente pobre, tanto alto funcionario, tantas y tan altas profesiones liberales y tanta gente pasando hambre Esta serie de cosas no pueden continuar así y tiene que llegar el momento que entren en el corazón de los hombres que tengan la posibilidad de modificar el curso que lleva esta equivocada civilización y

dulcificar en lo posible sus formas, antes de que sea
demasiado tarde

¿QUE ES EL TERCER MUNDO?

Para saber un poco del porqué de mi insistencia ante las
Naciones Unidas sobre el riesgo de un Tercer Mundo
rebelado, quiero exponer aquí la situación de esto, para que
se juzgue mi postura y si se considera correcta se apoye
hasta que esas pobres gentes recuperen un poco de lo
necesario para subsistir y a la vez recuperen también su
merecida dignidad.

El Tercer Mundo es uno de los fenómenos más
significativos de la segunda mitad del siglo XX, exactamente
desde el proceso de descolonización de los países asiáticos
y africanos. La descolonización, distó mucho de ser un
proceso rápido y uniforme. Se comenzó en Asia después de
la Segunda Guerra Mundial, y se terminó en Africa y Oceanía
más de dos décadas y media después. De alguna manera,
como dice el historiador Cronzet, supone el reflujo del
dominio de la raza blanca, dominio que había comenzado en
el siglo XV. El último cuarto del siglo XIX había supuesto con
la expansión imperialista, el reparto del mundo entre las
principales potencias capitalistas europeas, así como
también Estados Unidos y Japón. Con este reparto el
capitalismo había extendido sus redes hasta formar un
mercado y un sistema mundial, en el que se integraron
paulatinamente las viejas economías tradicionales, además
de Holanda, Bélgica, Dinamarca y los restos de los antiguos
circuitos de producción de mercancías y de comercio
precapitalista.

El imperialismo de estas naciones, diseñó una autentica
división del trabajo internacional, adaptando las economías
coloniales a las necesidades de su expansión. En un primer
momento, las colonias proporcionaban materias primas y a
su vez consumían las mercancías europeas de la primera
revolución industrial, después, desde el último cuarto del

siglo XIX, con la aparición de los monopolios y el auge del capitalismo competitivo, proporcionaron un inmenso campo para exportación de capitales y para la instalación de industrias extractivas o ligeras, de sustitución de importaciones. Por todas partes surgieron líneas ferroviarias, carreteras, puertos, obras de infraestructura faraónica (como el Canal de Suez o el de Panamá), ciudades modernas no muy lejos de las tradicionales aldeas triviales, modernas plantaciones y monocultivos al lado de las viejas explotaciones agrarias de subsistencia.

Después de esto llegó la descolonización que parecía señalar la llegada a la mayoría de edad de estos pueblos sometidos. Su capacidad ¿evidente?, debía asumir el autogobierno y la dirección de sus propios asuntos, empezando el camino que le habían dejado las naciones europeas, camino cerrado hasta entonces, que las había condenado, dada la circunstancia de la dependencia técnica-financiera y comercial que debían a sus antiguas metrópolis. Sin embargo, la realidad iba a ser muy otra de la que se imaginaban los países descolonizados, ya que el capitalismo había extendido sus redes por todo el mundo mediante la expansión imperialista para su propio beneficio.

Los colonizadores, con su capital, arreglaron la situación de manera que sus economías no se vieran afectadas, al no haber articulado los mercados internos de los diferentes estados que habían accedido a su soberanía; el capitalismo colonialista, sólo se había limitado a articular ciertos sectores de sus economías, con el mercado mundial dominado por grandes compañías multinacionales, que tenían sus sedes en una u otra de las viejas potencias, llevando así a éstas sus sustanciosos beneficios. Ni siquiera el capital había permitido, que se produjera algo comparable a una acumulación primitiva de bienes y recursos económicos, en manos de la burguesía o de las clases dirigentes de los nuevos países. Tampoco pudieron las naciones recién nacidas de la descolonización, hacer nada que tuviera valor por falta de recursos económicos En suma, que la descolonización había descorrido el velo de las esperanzas de poder acceder a las formas de vida de los países desarrollados Mas este destape tuvo la claridad suficiente para mostrar el paisaje inhóspito y de pobreza en que les habían dejado sus antiguos ¿protectores?.

Las viejas potencias coloniales, Francia, Gran Bretaña, Holanda, etc. habían entregado las riendas del poder político, pero se habían quedado con todos los resortes del poder económico. Muy pronto al optimismo de la descolonización siguió la decepción, primero por lo antes apuntado y segundo porque en los pueblos liberados, seguían latentes los conflictos de antaño: fronteras artificiales, multiplicidad étnica lingüística y religiosa, carencia de ideales unitarios o nacionales, marginación de pueblos remotos y atrasados, falta de preparación de todo tipo de los que sustituían a los funcionarios coloniales, corrupción, incultura y fanatismo.

Las élites que habían dirigido el movimiento descolonizador, mal pudieron aplicar los valores del liberalismo occidental a las realidades de sus pueblos. Por tanto, estos países cayeron en un caos de ideas y a ese caos siguió el más grave que era el caos económico: hambre, endeudamiento, balanzas de pago deficitarias, insuficiencia de recursos sanitarios y educativos y sangrantes desigualdades sociales. En este estado de cosas, pronto se acuñaron nuevos términos para describir y resumir el nuevo cuadro de los pueblos descolonizados. Estos términos los describieron más bien como pueblos subalimentados, naciones subdesarrolladas, o más eufemísticamente naciones en desarrollo y naciones proletarias.

A estas descolonizadas naciones, el geógrafo francés Alfred Sauvy las denominó "Tercer Mundo", título éste que pronto alcanzó eco en los medios internacionales de comunicación, dado que su situación político-económica daba la sensación de muy baja calidad entidad. La descolonización había puesto de relieve las dificultades que se ocultaban tras la independencia política recién alcanzada.

Cuando a partir de la conferencia de Bandung, bien en el llamado "Plan Colombo", o a partir del "punto cuarto de la conferencia", se establecen unos planes de ayuda (siendo aquí, en donde los países del Tercer Mundo lo pierden casi todo), ya que a cambio de un plato de lentejas han vendido su primogenitura. Tanto es así que las ayudas que reciben los países descolonizados les obligará a ser súbditos de los países que les ayuden, siendo aquí en donde de nuevo se diseñan las nuevas condiciones de lo que habría de ser el nuevo colonialismo de las potencias occidentales. Los planes de ayuda preveían tres modalidades: Primero, el envío de expertos y técnicos para formar cuadros entre las poblaciones indígenas, especialistas, profesores y asesores militares. Segundo, la concesión de becas de ayuda para personalidades destacadas de los países receptores, pudiendo así estudiar en Universidades Occidentales. Tercero, la concesión de créditos ya fuera de la posibilidad de la O.N.U., pero dentro de las de Estados Unidos, condicionados a ciertas garantías de seguridad como por ejemplo la colaboración con las fuerzas de la O.N.U., en cualquier contienda que pueda surgir en el ámbito internacional. Podría decirse en general, que aun cuando las condiciones políticas no estén claramente especificadas, los estados que soliciten ayuda, ya saben perfectamente qué comportamiento se espera de ellos para que les sea concedida. Esta nueva situación que algunos historiadores han calificado con el término de "neoimperialismo", tiene el inconveniente que sería el de la retirada de la ayuda económica si estos países emprendieran un camino propio e independiente. El caso de Egipto con Nasser en 1956, el de Guatemala con el presidente Arbeuz en 1954, el de Argelia independiente en 1965 con Hurio Bumedian, el de Chile con su gobierno de Unidad Popular del presidente Salvador Allende en 1973 o el de Cuba de Fidel Castro en 1959, nos dan buena prueba de ello.

En estos casos, los capitalistas occidentales se conforman con la difusión de sus productos, ya que la exportación, (según expresión inglesa), sigue a los expertos, dándose a continuación una influencia sobre el personal dirigente autóctono, que les hace de todas maneras dominar la situación. De todas las ayudas recibidas por las naciones del Tercer Mundo, la más importante en cuantía ha sido con mucho la de Estados Unidos, siendo así mismo la más ineficaz, toda vez que la mayor parte de esta ayuda ha sido de índole militar o administrativo, o también porque la corrupción política, la ha dilapidado en gastos que sólo han beneficiado a los oligarcas dominantes

LA CONFERENCIA DE BANDUNG

La iniciativa de convocar una conferencia internacional de países afroasiáticos en la que se tratarían problemas relativos a la soberanía nacional, a la cuestión racial, y al nacionalismo, partió de los países asiáticos reunidos en Colombo en 1950 a instancias del líder indio Nehru Según Rudolf Von Albertini, era muy natural que los nuevos estados del sur y del sureste de Asia intentaran organizarse y articular sus intereses específicos dentro de un contexto general de la guerra fría. Además, los recientes heridos de su lucha por la independencia, favorecían la preocupación y simpatía de los países asiáticos soberanos por sus hermanos africanos, aún sometidos por circunstancias a la férula colonial. El presidente Sukarno de Indonesia veía con simpatía una iniciativa en la cual se iban a reunir países con los mismos problemas, motivo más que suficiente para que tuvieran que tratar muchos asuntos de gran interés. En 1955, 29 países asiáticos y africanos entre los que se encontraba la República Popular China se reunieron en Bandung.

El Congreso afirmó la igualdad racial y su apoyo a los africanos sometidos al colonialismo, en particular a Marruecos, Túnez y Argelia, empeñados en un conflicto de liberación contra Francia. Como además, más allá de estas cuestiones, la conferencia anunció los principios de una política de independencia económica que acabara con el dominio de las potencias occidentales, abriendo la posibilidad de una cooperación de los países africanos y asiáticos en el campo técnico, cultural y económico, encaminada al desarrollo económico-social

Sukarno, el representante del país anfitrión, declaraba "Durante muchas generaciones, nuestros pueblos no han tenido voz en el mundo Eramos aquéllos a los que no se concedía atención alguna, aquéllos cuya suerte decidían los demás según sus propios intereses por encima de los nuestros y que nos obligaban a vivir en la pobreza y la humillación". En esta conferencia también se aprobaron resoluciones en contra de la intromisión en los asuntos internos de otros países y en contra de los acuerdos de defensa colectiva que sirviera a los intereses especiales de alguna de las grandes potencias. Estas resoluciones llegaban en el momento en que en Manila (Filipinas) se acababa de formar una alianza militar antisoviética a imitación del pacto de la O.T.A.N., la SEATO, cuya finalidad era cerrar filas ante cualquier posible expansión de la China o la U.R.S.S. en el Pacífico y Sudeste Asiático. Fue Nehru quién más insistió en el llamamiento a los estados africanos y asiáticos, para que no se alinearan con ninguna de las dos superpotencias.

EL MOVIMIENTO DE LOS PAÍSES NO ALINEADOS

Puede decirse que en Bandung surgió un auténtico movimiento político internacional de los países no alineados. En los años posteriores a este movimiento, tres grandes lideres de los países no alineados, Nehru, Nasser y Tito protagonizaron el movimiento del independentismo. En 1961 se reunió en Belgrado la primera conferencia del nuevo movimiento que volvió a reunirse en El Cairo en 1964, en Lusaka en 1970, en Argel 1973, en Colombo en 1976 y en La Habana en 1979. En cada una de estas conferencias se fueron sumando nuevos países. Sin embargo este aparente éxito hacia perder la línea inicial planteada en Bandung, ya que el movimiento de los no alineados fue adquiriendo un sentido político, perdiendo en principio sus propósitos económicos, siendo este propósito de la cooperación para el desarrollo económico, para lo que se había organizado este movimiento de los países del Tercer Mundo.

Los no alineados, exigieron en las sucesivas conferencias un desarme total y general, la suspensión de las pruebas nucleares, el inicio de negociaciones entre las superpotencias y el fin del colonialismo, con la condena del régimen del Apartheid en Sudáfrica Pero pronto surgieron desavenencias importantes; la ruptura Chino -soviética de 1960, creó tensiones, como más tarde crearon tensiones también la guerra entre la India y Pakistán o la intervención cubana en Angola y Mozambique. En 1973, la invasión soviética de Afganistán volvió a dividir a los países no alineados. No obstante, el movimiento iniciado en Bandung, pese a la progresiva dificultad de llegar a mostrar unanimidad en todos los frentes internacionales, había conseguido un objetivo importante, despertar a los países del Tercer Mundo y convertirlos en parte activa del escenario geopolítico mundial, en lugar de pasivos espectadores o servidores de los designios de las grandes potencias.

En los referente a temas económicos, el movimiento de los países no alineados, parecía que podía conseguir un éxito relativo, un logro indirecto del movimiento, ya que en la Asamblea General de la O.N.U., fue aprobada con su apoyo una iniciativa para la convocatoria de una conferencia mundial sobre comercio y desarrollo. Esta llegaba en 1964, cuando se reunió en Ginebra la UNCTAD. La idea básica de esta conferencia consistía en mejorar a los países en vías de desarrollo, mediante la ampliación de su participación en el comercio mundial, para lo cual, se postulaba una reducción preferencial de las barreras aduaneras sin reciprocidad. Los países occidentales no estaban muy de acuerdo con estas medidas y este hecho hizo peligrar la conferencia. Aquí ya se perfilaba con claridad una severa división entre el Norte y el Sur. Las discusiones prosiguieron en la UNCTAD, primero en Nueva Delhi en 1968 y después en Santiago de Chile en 1972 sin llegar a conseguir ningún acuerdo.

Entretanto, el movimiento de los no alineados en Lusaka en 1970, acuñaba el concepto de autoayuda colectiva y en Argelia en 1973, se proclamaba el derecho a la nacionalización de empresas extranjeras y a la formación de carteles para las materias primas. Desde 1960, los países productores de petróleo habían demostrado que ello era posible al crear la OPEP y que la única forma de recortar el control sobre los precios mundiales de este petróleo, consistía en crear un "cártel" para combatir la competencia. Además en 1973, justo cuando estallaba la cuarta guerra árabe-israelí, todos los países árabes recortaron sus producciones de crudo en respuesta solidaria frente al mundo occidental por su respaldo político a la causa israelí, produciendo así una subida espectacular de los precios del petróleo considerada en un 70% en unos pocos días. Sin embargo, lo que se hizo con el petróleo, cuya extracción estaba controlada por los estados productores, no se pudo hacer con otros productos o materias primas, ya que éstos estaban controlados por compañías multinacionales, cuya demanda era mucho más elástica que la del petróleo. Un capricho del destino hizo que a medio plazo, el efecto que tuvo la subida de los precios petrolíferos, perjudicara más a las economías de los países subdesarrollados que a los países desarrollados, cuyas economías les permitían diversificar más otras fuentes de energía. Además los recursos financieros de las potencias occidentales, reconocían superávit comercial que les permitía resolver el golpe pese a los años de recesión económica Mientras tanto los países del Tercer Mundo (no productores de crudo) habrían de padecer las terribles consecuencias a causa de la recesión de los años 1973 con la crisis del petróleo

Después de la caída del dólar en 1971 y tras la crisis de 1973, la divisa norteamericana experimentó una irresistible tendencia al alza respecto a las monedas de los países en vías de desarrollo Ello agravó los problemas de la inflación de esos países, siendo sus penurias más asfixiantes a la hora de pagar sus importaciones y de devolver los intereses de las deudas anteriores, contraídas los años precedentes por la obligación de hacerlo en dólares o en divisas convertibles.

Al final de la década de los 70 y comienzos de los 80, se apuntaba un problema de grandes dimensiones, ya que muchos de los países del Tercer Mundo estaban en una situación prácticamente de quiebra financiera, ya que no podían atender el servicio de la deuda exterior, salvo contrayendo nuevas deudas En 1974, la sequía en la zona de Sahol africano y las malas cosechas del sur de Asia, provocaron un problema alimentario de dimensiones alarmantes, tanto, que a raíz de esto quedó un hambre endémico en la mayor parte de los países de África y en algunos de Asia.

El primero de mayo de 1974 ante el desastroso desarrollo de los acontecimientos y la presión de los países no alineados, la asamblea general de las Naciones Unidas, aprobaba la Declaración sobre el establecimiento de un nuevo orden económico internacional. (NOEI), más después de este reconocimiento de un indudable éxito político internacional de los países del Tercer Mundo, el antedicho éxito no se ha cristalizado en realizaciones concretas, prácticas y beneficiosas.

El Norte con el Sur, lo único que hace es hacer lo que ha hecho siempre, aprovecharse. Siguieron reuniéndose primero en Nairobi en 1975, después en Manila en 1979, girando los debates en torno a dos cuestiones esenciales; la primera cuestión era elevar y proteger las exportaciones de materias primas del Tercer Mundo por medio de un fondo común que regulara la oferta. El Norte reconoció la injusticia de los precios pero no se llegó a arbitrar ninguna medida para llegar a un acuerdo. La segunda cuestión fue la deuda exterior de los países del Sur. Estos pidieron una retención global para los países pobres y una moratoria para los países de rentas medias. El Norte rechazó estas propuestas accediendo tan sólo a examinar caso por caso, pero sin comprometerse a nada. Finalmente, en 1980 se firmó en Ginebra un acuerdo del que según Rudolf Von Albertini, "no cabe esperar gran cosa, ya que todavía faltan muchos acuerdos particulares que son necesarios, además de reconocer que las posibilidades de intervención son muy reducidas y los recursos que se han puesto disponibles son seriamente modestos".

El autor cree, que tal vez la cuestión más acuciante y que más les interese a los países del Tercer Mundo, es la de saber cuánto tiempo va a ser posible el seguir aguantando en esta situación, una situación que se basa en la desigualdad económica, desigualdad que tiene al borde del colapso y de la quiebra a la mayor parte de los países subdesarrollados,

ya que el endeudamiento y el déficit comercial y financiero
les aumenta de año en año sin saber cómo se va a salir de
esta alarmante situación. Además de esto, además de los
problemas económicos, también los países subdesarrollados
tienen bastantes problemas políticos La situación en Oriente
Medio no está resuelta, en Ruanda los campesinos Hut están
luchando venciendo a la aristocracia guerrera de los Tutsi,
mientras que en Burundi son los Tutsi los que matan a los
Hut Por otro lado, algo que desequilibra bastante, es un
movimiento sin identificar, que no deja que en el Líbano se
llegue a conseguir una convivencia pacífica. En Israel y Síria
parece que se oyen voces conciliadoras, no sucediendo lo
mismo si es Irán el que tiene que aceptar acuerdos y no se
cuenta con él Mientras, Israel y Palestina sigue siendo un
volcán que no deja de vomitar lava en ningún momento Así
es que, aunque parezca que en el mundo no sucede nada,
son muchos los focos de tensión y guerra que se han
manifestado desde el final de la Segunda Guerra Mundial,
tanto es así que destacadas personalidades políticas e
intelectuales, han comentado que tal vez la tercera guerra
mundial "se haya y se esté desarrollando", -de una manera
indirecta- en y a través de los múltiples conflictos y crisis
bélicas que han ensangrentado a los países del Tercer
Mundo desde que comenzó la última postguerra (Y después
de hacer estas consideraciones diré, que desde hace unos
pocos días, Israel vuelve a machacar en el Líbano sin
ninguna clase de consideración, con el agravante de que
estos ataques podrían ser el motivo de un recrudecimiento
entre árabes y judíos, peligrando los pactos de paz). ¿Y
mientras todo esto sucede qué hacen las Naciones Unidas?
Aquí, en esta confrontación hay un peligro constante, pero en
donde hay otro gran peligro de fricción es entre el Norte y el
Sur, ya que o bien se estudian unas nuevas fórmulas, en
donde se ponga en práctica la solidaridad, cambiando este
sistema que no parece el más conveniente y adecuado para
estar en él, o el mundo podría ser abocado a algo que no
fuera fácil el poderlo contener. Cree el autor que no faltaría
para que saltara la chispa, nada más que la presencia de un
alucinado o un fanático, ya que Occidente basa su rica

economía en el hambre de millones de personas, Occidente basa su rica economía en la explotación de los países más pobres; hombres de Occidente basan su rica economía en el atropello a países que no han sabido o no han podido desarrollarse y a consecuencia de todo esto, por ironías de la vida los hombres del Norte han creado la grandeza del imperio de Occidente.

No entenderé nunca cómo en un continente tan rico como es África, el 80% de sus moradores esté pasando hambre. Un continente con elevadas reservas de diamantes, de oro, de platino, de petróleo y de otras muchas materias primas como por ejemplo gas, madera y productos tropicales, no debería tener ningún problema, ni ninguna razón para que dentro de su entorno se viva en la miseria.

África es un continente con una superficie de 30.244.825 kilómetros cuadrados que además tiene un potencial humano de 634.967.000 personas. Con tanta riqueza y gente que la desarrolle, si se les enseñara sería suficiente para que no crearan ni tuvieran ningún problema.

El autor entiende lo difícil que va a resultar el que un día desaparezca este abismo que existe entre el Norte y el Sur. Pero lo que ya no sería tan difícil sería el acercarnos algo a las formas del bienhacer, motivos más que suficientes para podernos mirar a nosotros mismos, trayendo esto como consecuencia, la suavización de las tremendas desigualdades. La misión es ardua y difícil, esto es cierto, ya que lo primero que hay que hacer es desprenderse del molesto caparazón que tiene aprisionado a los hombres, como es el egoísmo y después, emprender una acción que suavizara su prepotencia con un poco de humildad, para llegar al tercer punto que sería el más difícil pero el más hermoso, el abrir los brazos y el corazón, para darse cuenta de la situación por la que están pasando millones de personas a las que nosotros queramos o no, estamos en la obligación moral de ayudar.

Primero que nada hay que educarles, y a continuación hay que proporcionarles los medios para que en la mayor parte de estos países, en todos los que lo necesiten, del Tercer Mundo se escolaricen los niños y se hagan campañas

de enseñanza con los adultos Abundando en esto diré, que
la madre del progreso está en la cultura; por eso estas
gentes viven tan mal. Dirá el autor que en África,
redondeando la cifra hay sobre 100 millones de personas
que no saben leer ni escribir, por tanto, en estos países, la
gran empresa en principio que hay que acometer es
escolarizarles y enseñarles. Aquí, advierte el autor que cree
que esto no es fácil ya que aparte de los medios económicos
que se necesitan, hará falta algo tan trascendental como que
los países necesitados de ayuda se sacrifiquen también,
haciendo un denodado esfuerzo para conseguir una total
escolarización primaria, que unida a eficaces como dije
antes, campañas de alfabetización, ver de que sean capaces
de movilizarse plenamente las energías populares, para así
consiguiendo con un entusiasmo colectivo motivar a la
población de todos y cada uno de estos países "los cuales
debieran   saber" que están en juego los fundamentos
mismos de su propia existencia como pueblo. Por esto es tan
importante la motivación, porque el adulto aprende a leer y a
escribir y porque se siente que adquiere nuevas capacidades
de autorrealización personal, una mayor integración con su
medio social y una mayor dignidad de ser Todos conocemos
la idiosincrasia de la mayor parte de los ciudadanos de
muchos países del Tercer Mundo y por esto sabemos que la
empresa de alfabetización de estas gentes es harto difícil, ya
que la indolencia con que reciben estas gentes esta clase de
ayuda es manifiesta, mas nuestra obligación es ayudarles a
salir de su ostracismo. La otra ayuda tendría que ser
igualmente desinteresada. En vista de que en Asia, en África
y en América latina hay grandes ríos, sería de una gran valía
el construir una red de canales los cuales transformaran
estos tres continentes en los continentes del futuro, ya que
en ellos se podría producir por la diversidad de sus tierras y
de su clima alimentos de cualquier clase y de cualquier
orden. Con todo esto unido a una bien distribuida red de
carreteras y ferrocarriles creo que se le podría sacar mucho
más beneficio que si se les venden grandes cantidades de
armas que no sirven nada más que para matar y para
desequilibrar las economías de los países que además viven

en la miseria. Por otro lado se podría evitar, con una serie de disposiciones por parte de las Naciones Unidas, el que los agricultores de los alto planos del Perú, de Colombia, de Ecuador y de Bolivia, asi como de algún país asiático o africano, se vieran obligados a sembrar muerte para poder subsistir. Estos agricultores bien orientados, podrían sembrar solamente droga, para hacer experimentos médico-científicos y para hacer medicamentos que fueran en favor de la salud del conjunto de la sociedad mundial. Si no se hace esto así, seguirán los sembradores de la muerte con su quehacer cotidiano dando la oportunidad a los traficantes, de poder acercarse a las miles de inocentes victimas trasformándolas de alegres y bulliciosos jóvenes, en lastimosos espectros que con sus lastimosas imágenes laceran los sentimientos de los ciudadanos todos. Estos pobres jóvenes drogadictos, que van directos a la tenebrosa muerte blanca (bien con S.I.D.A. o sin S.I.D.A.), son seres tan tarados que hay que evitar por todos los medios que estas juventudes caigan en la mortal trampa de la droga, siendo la forma mas eficaz para conseguirlo no dejando que se plante en ningún rincón de nuestro planeta ni droga ni siquiera algo que se le parezca. Y en cuanto a la droga artificial declararla como enemiga de la sociedad y declarar criminal de guerra a todo aquél que juegue con esta clase de sustancias, ya que el resultado del consumo de estas substancias, son jovenes sin voluntad flacos, sucios, maltrechos, mal rapados, jóvenes que en vez de hablar balbucean, la mirada perdida en el vacío, y cuando andan lo hacen sin equilibrio, cuando miran no ven, son jóvenes que se duermen en cualquier sitio, en un banco en una acera cayéndoseles la baba, así quedan estos pobres jóvenes que están pidiendo a gritos que se les ayude y el autor de este manual cree que en todo este gran problema de dimensiones sin límite, las Naciones Unidas tienen mucho que decir, mucho que escribir y todavia mucho mas que hacer.

NACIONALISMOS

Son en muchas ocasiones los nacionalismos, causa y motivo de grandes y pequeños enfrentamientos. Dependerá de la clase de nacionalismo que sea, ya que no es igual un nacionalismo de una gran potencia, como si de un nacionalismo débil se tratara.

Para las Naciones Unidas, piensa el autor, que cualquier nacionalismo es nocivo, pero si se trata de un nacionalismo como el de China, pudiera resultar bastante más complicado por la serie de condicionantes que se manifiestan del nacionalismo de una gran potencia como es China.

Nacionalismo es entre otras cosas, exaltación por lo que es propio de la nación a la cual se pertenece. Es doctrina que reivindica para la nación el derecho a practicar una política dictada por la exclusiva consideración de sus intereses reafirmando una personalidad propia y completa, y también es nacionalismo, un movimiento político de individuos que toman conciencia de constituir una comunidad nacional en razón de los vínculos históricos, étnicos, lingüísticos, culturales y económicos que los unen. Mas a pesar de estas definiciones, después hay varias clases de nacionalismos, ya que no es igual el nacionalismo alemán de los años 30 (que fue un nacionalismo continental), como el nacionalismo catalán que es un nacionalismo cultural, como tampoco es igual un nacionalismo fundamentalista como es el de Irán como un nacionalismo frágil y débil como fue el nacionalismo de Pakistán.

A veces, las personas, al hablar de nacionalismos estarán pensando solamente en esos nacionalismos que piden la independencia, como el de Chechenia, el del País de Gales o el del País Vasco. En esto del nacionalismo hay muchas formas y maneras. Porque ¿cómo se puede uno imaginar el nacionalismo de Rusia? ¿o cómo se puede pensar que Francia o Estados Unidos puedan ser nacionalismos?. Pues sí, así es, ya que hay factores y técnicas científicas que nos distinguirán el nacionalismo de la grandeur francesa, del nacionalismo fanático de los alemanes, como también habrá factores en el nacionalismo, que nos distinguirán el fundamentalismo árabe o el patriotismo americano. Los nacionalismos, piensa el autor, que son fuerzas que están ahí, como los volcanes, que hay veces que parece que están en estado de letargo, mas sin dar nunca a pensar de que están extinguidos; tienen muchos vínculos los nacionalismos para pensar ni por un solo momento que se les ha olvidado a las gentes el que son nacionalistas. Esto es como todo pero con más fuerza, con más vigor y diré hasta si me lo exigen, que es como más visceral. Hay inmensas parcelas de la Tierra en la que sus habitantes les dará igual ser de acá que de allá, mas los nacionalistas quieren ser de su tierra ya que esto es una manera de ser. Quieren ser ellos, su arquetipo, no quieren que se lo quite nadie.

El autor tuvo un amigo vasco que se llamaba Bandrés, era agente de aduanas, y a este hombre que era una buena persona, no había quien le convenciera de que lo mejor no era lo suyo. Los mejores chatos se tomaban en San Sebastián, los mejores futbolistas eran los vascos, la mejor playa La Concha, y el mejor frontón el de Anoeta. Los anglosajones creen que son una raza superior y a los japoneses su nacionalismo les estalla por cualquier lugar. Los catalanes están orgullosos de todo lo suyo, música, pintura, escultura, su estilo de comerciar, su forma de trabajar, éste es su nacionalismo. En el centro de Europa el nacionalismo está latente: Alemania, Austria, Hungría, Serbia, Croacia Montenegro. De Francia, decía De Gaulle que era la Europa de las naciones. La Francia de Luis XIV, de Richelieu, de Voltaire, de Napoleón y de Montesquieu. El autor piensa: ¿Quién sería capaz de quitarle a un francés el esplendor de sus antepasados?.

El verdadero valor de los nacionalismos se centra en su carácter, en sus ideas. Este pueblo nacionalista estará en su mejor momento cuando sus ideas son compartidas por todos. Cuando su fe de pueblo está segura su civilización está asegurada. Esto es así por herencia, por educación, por medios, por contagio o por opinión Los hombres de cada pueblo han tenido un caudal de conceptos medios que les ha hecho semejantes los unos a los otros, hasta el punto de que cuando han pasado siglos y siglos sobre la memoria de ellos, aún se les reconoce por sus condiciones artísticas, filosóficas y literarias. Las formas en que vivieron formaron los recios caracteres de los pueblos nacionalistas. Después de haber mostrado que los caracteres de los nacionalismos poseen una gran fuerza y de que de estos caracteres se deriva la historia de los pueblos, es de todo punto imposible ponerle vallas al campo. Los nacionalismos no son estáticos, por tanto fluctúan, siendo unas veces mejor interpretados mientras que otras veces no son así de bien interpretados. Yo personalmente, no le daría a los nacionalismos más relieve del que en realidad tienen, ya que enfrentarse a ellos es como dar coces contra el aguijón; entonces, yo más bien trataría de ganármelos para mi causa, para así evitar enemigos evitables.

IGUALDAD PARA LAS MUJERES

¿Para cuándo la igualdad de las mujeres? ¿No hay racismo con el trato que se les está dando?.

La Organización Internacional de Trabajo (OIT), ha estimado que todavía se necesitan 465 años para conseguir la igualdad entre hombres y mujeres en los puestos de gestión y administración más elevados, si la evolución de la situación laboral progresa al ritmo actual en todo el mundo.

Con esta estimación se celebró el pasado día 8 de marzo en el mundo el día Internacional de la Mujer Trabajadora, en homenaje a las 192 mujeres que murieron calcinadas en un incendio intencionado en una empresa textil de Nueva York, donde se habían encerrado un 8 de marzo de 1908 para reclamar unas mejoras laborales que hoy ya casi nadie les niega.

En España concretamente, y a pesar de los indicadores negativos, como el de la tasa actual de paro femenino que es del 30% se ha registrado un gran avance muy significativo en los últimos años. En esta incorporación paulatina pero progresiva de la mujer española a la universidad y al mundo laboral, destaca su irrupción en puestos de responsabilidad.

Una de las cifras más llamativas, es el número de mujeres que han sido elegidas para congresistas (total 77) en las últimas elecciones del 3 de marzo de 1996. Este número supone el 22% del total de congresistas electas. En la pasada legislatura las mujeres representaban en el Congreso el 15,7% Con este aumento España se coloca ya dentro del marco de la Unión Europea.

Las Naciones Unidas estiman que el lograr un 30% de miembros femeninos en las instituciones políticas, configuraría la masa crítica necesaria para que las mujeres ejercieran una influencia apreciable en materia de política. Mas a pesar de todo, la mujer sigue estando discriminada, por ejemplo, y en lo que a su incorporación al trabajo se refiere Primero hay una gran discriminación en la incorporación y segundo en lo que representa el aspecto salarial. De hecho, la OIT ha confirmado en uno de sus últimos informes, que las mujeres no solo cobran menos en todos los países del mundo sino que además trabajan más. Parece ser que la Confederación Española de Organizaciones de Amas de Casa, aprovechando la celebración del día de la Mujer Trabajadora, exige se les reconozcan los derechos del ama de casa igual que si estuvieran trabajando en una oficina, un taller o una fábrica.

Esto que acabo de contar sucede en los países desarrollados, pero en los países del Tercer Mundo las mujeres llevan sobre sus hombros la mayor parte de peso del trabajo. Según estadísticas el 53% del total del trabajo en estos países lo llevan las mujeres. Por ejemplo en Kenya las mujeres trabajan como media 56 horas semanales, mientras que los hombres tan sólo trabajan 42. A esta diferencia horaria, según las mismas fuentes, se suma una diferencia salarial que adquiere proporciones mucho más sangrantes que en los países desarrollados. Mientras una mujer española gana el 20% menos que el hombre, las mujeres afroasiáticas y las latinoamericanas perciben el 66% del salario masculino.

Otro dato muy importante de este informe son los importantes déficits sanitarios que condicionan la vida de estas mujeres. Un tercio de las enfermedades que sufren

entre los 15 y los 45 años, están relacionados con el
embarazo, el parto, el aborto y el contagio del aparato
reproductor, incluso el virus de inmunodeficiencia adquirida
(SIDA) La Organización Mundial de la Salud ha revelado que
cada año mueren medio millón de mujeres por causas
relacionadas con el embarazo y el parto. Por otra parte,
África presenta la tasa mundial más alta de mujeres vivas
infectadas con el SIDA (que en la zona subsahariana afecta
a 4 millones de mujeres). Además, África es también uno de
los lugares donde pervive más la mutilación genital femenina,
que afecta a entre 80 y 114 millones de mujeres y niñas. El
autor se pregunta. ¿Cómo es posible, que en las
postrimerías del siglo XX todavía se sigan cometiendo en el
mundo las agresiones mas despreciables y humillantes
(como es el hecho de extirpar el clítoris a mujeres y niñas).
¡Estos hechos se ven algo así como despreciables!. Parece
ser, según Medicus Mundi, que los países en vías de
desarrollo han experimentado ciertos avances en el terreno
de la alfabetización durante las ultimas dos décadas Según
las mismas fuentes son los países árabes los que han
experimentado adelantos más significativos en la educación
femenina.

Todo esto se va consiguiendo gracias al trabajo
infatigable de un grupo de mujeres, primero, y a la casi
totalidad de las mujeres, después, desde su origen, aquel
lejano 8 de marzo de 1908 en que un grupo de mujeres
murió por reivindicar sus merecidos derechos. Desde
entonces hasta hoy no ha parado de haber reuniones,
conferencias, manifestaciones y encierros, siendo todo esto
una dinámica para estas mujeres luchadoras merecedoras
de lo mejor, que, llamando la atención de las Naciones
Unidas, han conseguido de éstas cierto interés porque la
mujer se integre en todos los ámbitos de la sociedad A todo
esto piensa el autor, que todavía quedan muchas losas y
muy pesadas por levantar para que la mujer (que como digo
se merece lo mejor) logre sus merecidas ambiciones
Estamos en una sociedad patriarcal y hoy será todavía muy
difícil que la mujer ocupe el lugar que le corresponde. De
momento en el mundo en su conjunto, sigue habiendo

grandes agravios comparativos entre el hombre y la mujer, y si me lo permiten diré que existe hasta un cierto color de racismo (Aunque haya algunos casos lastimosos en los cuales el hombre es el perdedor, son las excepciones que confirman la regla).

ELIMINEMOS ENEMIGOS

El autor de este libro, ruega encarecidamente al Secretario General de la O.N.U. y a todos los gobiernos de naciones que componen esta organización, (con sus fallos y sus carencias), que se comprometan todos y de verdad, a velar por la paz y seguridad de todos los países de la tierra, que traten de ver la manera de eliminar las armas dando ejemplo. Porque yo pregunto: ¿cómo es posible que las naciones que están contra la guerra obtengan beneficio de la venta de armas?. Otro gran enemigo que tienen que combatir las Naciones Unidas, es el de la contaminación o envenenamiento del planeta. La tierra, el agua y el aire, hay que preservarlos de todo tipo de contaminación. No se debe consentir en ningún lugar de la tierra la concentración de gases tóxicos como el Ozono, el CFC (clorofluorocarbono), metales pesados o dióxido de azufre, por encima de los limites que marca la Organización Mundial de la Salud. Los residuos tóxicos son otros de los grandes enemigos de la sociedad, hay que obligar a los países, a que se creen sus propios refugios atómicos para concentrar allí todos estos residuos. De lo contrario las corrientes acuíferas del subsuelo, se contaminarán creando una gran catástrofe primero marina y después humana. Además hay que ver cómo se planifica, de manera que de una forma u otra, se acabe con la contaminación en el mundo.

Los líderes mundiales se reunieron en 1992, asistiendo 118 jefes de gobierno a la Cumbre de la Tierra, en la que se definieron las medidas que contribuirían a proteger la atmósfera y los recursos cada vez más limitados del planeta. La mayoría de las naciones firmaron un tratado sobre el clima, comprometiéndose a establecer un sistema para informar los cambios de las emisiones de carbono, con el fin de impedir que sigan aumentando los humos contaminantes. También analizaron la forma de conservar la diversidad biológica de la Tierra con sus especies animales y vegetales. En esta Cumbre no se llegó a un total acuerdo sobre la protección de los recursos forestales del planeta, pero a lo que sí llegó fue a la redacción de dos documentos, que el primero se llamaría "Declaración de Río" y el segundo "Agenda 21", que contienen directrices para que las naciones consigan un desarrollo sostenible. Esto es poco creíble, pues como dice el medioambientista Allen Hammoud, en los próximos meses y años se demostrará si los países firmantes van a ser capaces de mantener los objetivos de los compromisos anteriores declarados y si sus decididas palabras y declaraciones se traducirán en acciones consecuentes. El autor invita a quien corresponda, a que pongan los medios antes de que se llegue a extremos tan preocupantes como el que relata el The New York Times. Yuri, que vive en la ciudad rusa de Darabas, tiene dos hijos y ambos están enfermos. Aunque no le sorprende la situación, está preocupado. "Aquí no hay niños sanos", explica. La gente de Darabas está siendo envenenada. Las fábricas arrojan al aire 162.000 toneladas de contaminantes cada año, (nueve toneladas por cada hombre, mujer y niño que viven aquí). En Nikel y Montechegarsk en la península de Dola (que está situada al norte del círculo polar ártico), dos de los más grandes fundidores de níquel, arrojan anualmente al aire más metales pesados y dióxido de azufre del que podía disipar el ambiente en 5 años

De Europa pasamos a América y nos encontramos conque en México, (en ciudad de México), el aire no es más limpio. Una encuesta que llevó la doctora Caudilejos reveló que, hasta en una zona acaudalada de la ciudad, los niños están enfermos de cinco días, cuatro Esta enfermedad ha llegado a ser normal para ellos "comenta la doctora", explicando que una de las principales causas de la enfermedad es la niebla tóxica producida por los miles de vehículos que abarrotan las calles. La concentración de ozono es cuatro veces superior al límite establecido por la Organización Mundial de la Salud.

En Australia, aunque el peligro no se ve, es igualmente mortal. Allí los niños deben llevar gorro cada vez que salen a jugar al patio de la escuela La reducción de la capa de ozono en el hemisferio Sur ha hecho que los australianos consideren al Sol como su peor enemigo. De hecho los casos de cáncer de piel han aumentado en Australia en un 300%. Con el agua ya existen muchos y grandes problemas En otras latitudes del mundo la lucha diaria consiste en conseguir suficiente agua para el consumo cotidiano. Amalia, una niña de 13 años, cuenta que se inició una sequía en Mozambique en donde sólo tuvieron agua para un año. Los cultivos se secaron, mientras que Amalia y su familia tuvieron que subsistir con frutos silvestres y cavando en los lechos de los ríos para poder encontrar sólo un poco del preciado líquido.

Por todo lo expuesto, debemos concienciarnos para salvar el planeta. Es muy difícil ayudar a un alcohólico que está convencido de que no tiene problema con la bebida. Eso mismo sucede para mejorar la salud de nuestro planeta, lo primero que tenemos que reconocer es la magnitud de su enfermedad. Probablemente, el logro medioambiental más sobresaliente hoy sería el de la concienciación. Hoy la gente debería saber muy bien que el hombre está agotando y contaminando la tierra. ¿Qué debería hacerse para no degradar más el medio ambiente y poner urgentes soluciones? Habrá que hacer mucho, ya que algunos científicos han declarado que la amenaza de la degradación de la tierra, es más aterradora que la de una guerra nuclear "Cuidemos nuestro planeta, es el único que tenemos". Este fue el dramático llamamiento que hizo el príncipe Felipe de Inglaterra, presidente del Fondo Mundial para la Vida Silvestre.

En su libro "En paz con el planeta", el biólogo Barri Commover menciona cosas sencillas de la ecología, que permiten explicar por qué la Tierra ha sido vulnerable al abuso del hombre Este biólogo explica que como no se ha puesto veto a la tala de bosques en el Himalaya del Nepal para producir leña combustible, después, el suelo de sus faldas es incapaz de frenar las torrenciales aguas que corren velozmente por las montañas heladas, ocasionando inundaciones desastrosas y dejando la tierra estéril para el cultivo. Otro dato de este biólogo es que como nuestro planeta es cerrado, todos los residuos van a parar a algún sitio del hogar terrestre. La destrucción de la capa de ozono indica que ni siquiera los gases aparentemente inocuos, (CFC) se esfuman en el aire. ¿Qué sucederá cuando se arrojan cientos de toneladas de sustancias peligrosas a la atmósfera, a los ríos y a los océanos?. ¿Qué sucedera cuando no quede ni un solo árbol, en las frondosas selvas del Amazonas?.

Tres de los indicadores principales del daño ecológico son: la capa de ozono, la agricultura y la pesca. En ambas actividades se ven señales de deterioro. La FAO ha calculado que las flotas pesqueras del mundo no pueden capturar más de 100 millones de toneladas de peces al año, (sin reducir sus poblaciones a niveles críticos). Ese límite se rebasó en 1989 y como se esperaba, al año siguiente, las capturas mundiales tuvieron una disminución de 17 millones de toneladas. En la agricultura la tendencia alarmante se refleja en la producción de las cosechas, las mejoras en el riego y el uso externo de pesticidas elevaron notoriamente la producción mundial de cereales. Pero actualmente con los pesticidas y los fertilizantes actuales están perdiendo su eficacia.

Hace 200 años, el estadista norteamericano Patrick Henry dijo: "No conozco otra manera de discernir el futuro si no es discerniendo en el pasado" El hombre ha abusado del medio ambiente en el pasado, ¿cambiará su comportamiento en el futuro?. Hasta el momento no hay indicios de que lo haga, mas algo habrá que hacer, ya que de lo contrario la Tierra es un enfermo que fenece. En principio son 600.000 millones de dólares los que se necesitan para abarcar los propósitos postulados en la Cumbre de la Tierra de 1992, con la intención de limpiar nuestro solar para poder seguir viviendo en él De todas maneras no son muy esperanzadoras las palabras de una alta personalidad en la materia John Coims (hijo), Jefe del Comité estadounidense para la restauración de los ecosistemas acuáticos, resumió la situación con estas palabras. "Veo con optimismo lo que podríamos hacer, pero creo ser pesimista con lo que vamos a hacer" Ante estas palabras, el autor ve así la situación De todos nosotros dependerá, de unos en mayor medida que de otros, el que nuestro planeta sea un lugar habitable, agradable y saludable. Tres cosas quiero subrayar para que se pueda habitar el planeta agradablemente Antes que nada, limpiarlo de sustancias contaminantes para evitar que dañen la salud de sus moradores. Inmediatamente después, tratar de evitar en lo posible las guerras, o sofocarlas automáticamente, sin darles tiempo a que se fomenten y se haga más difícil su extinción, y en tercer lugar, conseguir dinero de donde sea para luchar contra las enfermedades y el hambre.

Señores mandatarios norteamericanos, ¡nada de soñar con conquistar el espacio!, ya que además de ser una incongruencia, es una inmoralidad al gastar el dinero de los ciudadanos en algo que no repercute en ningún beneficio para la sociedad. Estos experimentos son inútiles, ya que para lo único que sirven es para crear después un clima de incertidumbre social. Por tanto, ¡abajo las investigaciones interplanetarias y más seriedad y responsabilidad en la investigación científica de las enfermedades más peligrosas!.

Señores mandatarios franceses, ¡se acabaron las grandezas del imperio, aquello se acabó!, ya que como digo anteriormente las pruebas nucleares que ustedes están realizando, no conducen a ningún lugar que dé beneficios ni a la sociedad francesa ni a la sociedad mundial. Por tanto, ¡abajo las armas nucleares y más responsabilidad en las investigaciones científicas, para tratar de frenar en lo posible la carrera desenfrenada de las enfermedades más peligrosas!. Y por último, señores mandatarios de las Naciones Unidas, ¡más solidaridad con los países que se encuentren con grandes necesidades como por ejemplo aquéllos que ni siquiera tengan para comer!. ¡A estos países hay que sacarlos de la pobreza como sea!. Si hay 20 países en esta situación hay que ayudarles para ver si entre todos fuéramos capaces de extinguir el hambre de este mundo.

Estoy completamente convencido de que para esto hay que poner grandes dosis de solidaridad dando algún grito de guerra, como ¡guerra a la guerra!, ¡guerra a la contaminación! y ¡guerra al hambre!.

Y ya para concluir este manual, lo haré recriminando y censurando a las Naciones Unidas, porque últimamente estoy observando que las guerras se le escapan de las manos y dejan, no sé si deliberadamente, que pase un tiempo para entrar en ellas ¿Qué está pasando desde hace más de un año en Sierra Leona?. ¿Acaso en este país no hay seres humanos que hay que defender?. ¿Qué pasa en este país de poblaciones tan variadas como mende, terme, bimba y kuranko? ¿Cómo es posible que a un país que ha estado bajo dominio inglés hasta 1961 en que recobró la independencia, y forma parte de la Commonwealth y es miembro de la O.N.U. y de la OUA y también asociado de la Comunidad Económica Europea, se le consienta que estén un año en guerra hasta verles en la miseria? ¿Cómo es posible que un país con 71.700 kilómetros cuadrados y una población de 3.517.530 habitantes se pueda ver en la miseria? ¿Y cómo es posible que un país que cosecha toda clase de cereales, aceites, arroz y café entre otras especies en agricultura, siendo además un país rico con un subsuelo lleno de diamantes, platino, hematitas, minas de Lumsar y bauxita esté viviendo en la miseria? Yo le preguntaría a quien corresponda: ¿Qué pasa con tanta riqueza?, ¿a dónde van a parar el platino, los diamantes, las hematitas y la bauxita? Además, en un país que pertenece a la Commanwealth ¿se vive de esa forma tan miserable? ¿Y en un país asociado a la Comunidad Económica Europea se vive tan miserablemente?. Las escenas que nos han ofrecido estos días por televisión española, primero que nada, son vergonzantes para toda la humanidad Cualquier hombre de bien se tiene que avergonzar al ver esas escenas que nos ofrecieron de aquellos niños de Sierra Leona.

¿Cómo se les ocurre ofrecer esas horripilantes escenas a un mundo que está harto de muertos, de miserias, y de desastres?. El autor le preguntaría a ustedes, a los dirigentes de las Naciones Unidas, también a los dirigentes del

Mercado Común Europeo y a los dirigentes de las Organizaciones más importantes del planeta, como Fondo Monetario Internacional, Banco Internacional, Consejo Económico y Social, ¿de qué les sirve a ustedes ese Comité de Políticas y Programas de Ayuda Alimentaria, para después tener a personas en un estado de inanición, que más que seres humanos parecen espectros?; y ¡para colmo niños!. Niños impotentes, resignados a su suerte, como si ellos no tuvieran derecho a nada, niños con la mirada perdida en el cercano crepúsculo que les espera. Yo comparo sus caritas famélicas con las caras de muchas fotografías de hombres, cuando hacen algunas de esas reuniones que dicen que sirven para algo ¡Cuánta demagogia!. Sus tripitas hinchadas por el hambre, y, mientras, ¡cuántas tripas hinchadas por la desvergüenza!. Nuestra riqueza se apoya en el hambre y miseria de esa pobre gente ¡Qué mundo más injusto!. ¡Qué mundo más cruel!. Esas gentes viven en reinos vacíos, bajo una mustia luz a través de las selvas de una noche negra, sin luna, con llantos y congojas de impotencia, con la garganta hecha una llaga por no tener ni siquiera la posibilidad de ingerir algo de alimento; en ellos morarán las pálidas enfermedades y allí estará esa madre que con su alma blanca anidará a dos, tres, quién sabe cuántos cuerpecitos, que acurrucados, temblando de un súbito miedo, cerrarán los ojos como si durmieran, sin darse cuenta nadie de que ese sueño, probablemente será su último sueño. Esta es la triste realidad de esos pueblos como Sierra Leona, mientras los pueblos desarrollados decimos que hacemos algo para lavar nuestras sucias conciencias. Al mundo le sobran millones y alimentos para que estos hechos no sucedan nunca en ningún lugar ni en ningún momento Hay que desprenderse de la avaricia, del egoísmo y del ansia de poder, de la vanidad y de la egolatría. Difícil misión, ya que el hombre no está preparado para tamaña empresa. Pero yo les digo una cosa a los responsables de tantas injusticias y de tanta ingnominía: Ustedes no se esfuercen en que mejoren las cosas Ustedes no hagan nada para que haya una mejor distribución de la riqueza Ustedes no hagan tampoco nada para terminar con la fabricación y el tráfico de armas y no hagan nada, nada de nada, por evitar la degradación del planeta. Lo demás ya vendrá y se nos dará por añadidura. ¿Serán ustedes capaces de dejar que se destruya el planeta? Esto es serio ¿Serán ustedes capaces después de las guerras, del hambre y de las enfermedades, que todo esto por codicia y vanidad se les escape de las manos? Lo veremos. Yo por mi parte, y pienso que hay cientos de miles de personas que piensan como yo, ya lanzo mi grito de guerra y disconformidad contra el hambre, contra la guerra, contra las armas, contra la contaminación, y contra la droga

UN ÚLTIMO COMENTARIO

¿De qué sustancias se proveerán algunas mentes humanas de hoy, que hacen volver a los hombres a los principios de nuestra era?. (Al principio de la era cuaternaria o finales de la terciaria) cuando los hombres se llamaban Ramapithecus, hace entre 3 y 8 millones de años, cuando el hombre, más que hombre era una alimaña, un salvaje, un algo sin alma y sin razón. Todo, o casi todo lo que acontece cada día, enfatizan estas líneas. Horror en el Líbano, horror en Liberia, horror en el Salvador, horror en Egipto, horror en Chechenia, horror en Bosnia, horror en . ..., horror en ....., horror en .... , horror en..... Estos últimos días están siendo días de pánico

Es irónico y cínico, que se hable tanto de paz y se haga tanto la guerra. A veces es casi esperpéntico, ya que dialogando varias naciones para conseguir un alto el fuego, se abre otro foco de guerra igual a menos de 500 Km.

Y yo repitiéndome me pregunto. ¿A quién puede interesar la guerra?. ¿Acaso son tan grandes las ansias de expansión, las ansias de poder, las ansias de dominio, que nadie repara en las consecuencias?. ¿Nadie repara en la congoja de esas pobres gentes que pierden a sus seres más queidos sin tener ya la esperanza de volver a verles?. ¿Nadie piensa cuando se lanza a una aventura bélica que después todo son tinieblas y que la palidez y la calma de los campos serán lugares insoportables en el fragor de la batalla?. ¿Nadie piensa que las aguas cristalinas de los ríos se harán rojas por la sangre de los pobres que han caído?. No piensa nadie que después de una contienda, todo es muerte y desolación, dolor y crujir de dientes, oscuridad, olor a sangre tibia, ciudades vacías, ancianos desdentados, niños desnutridos, mujeres destrozadas y campos llenos de cuerpos muertos, llenos de cuerpos de hombres jóvenes muertos. ¿A quién le interesa esto?. ¿Vale la pena tanto horror por un trozo de tierra? ¿Vale la pena tanta desolación, por un puesto en un gobierno o un puesto en la milicia? ¿O acaso el dinero que pudiera producir en beneficio de alguien, podría dulcíficar todos los ayes que produce una contienda?

¡El hombre se ha vuelto loco!. Medite todo hombre antes de emprender una acción contra su hermano, teniendo en cuenta todo el daño que su acción podría provocar, después seguramente, si su decisión de matar se ha transformado en darle un abrazo al que iba a ser su enemigo, sentirá el gozo de los bienaventurados.

NOTA DE INTERES

No quisiera dejar pasar la ocasión, sin rendir desde estas humildes lineas unas palabras de admiración y mi más sincero homenaje, a esos generosos y esforzados médicos sin fronteras y a esas bondadosas monjitas, que sin más ambición que la de ayudar y socorrer (a tanta gente necesitada en los lugares más inhóspitos de la tierra), inaccesibles al desaliento están corriendo grandes riesgos, con el solo afán de llevar con ilusión a las gentes de esos remotos lugares un poco de salud y un poco de amor. ¡Qué ejemplo para este mundo tan desquiciado!. ¡Qué ejemplo para este mundo tan egoísta!.

INDICE